実践！

はじめの一歩から多店舗化まで

サロン開業

88の成功ルール

ハワイアンフォレスト株式会社
代表取締役

森優

同文館出版

はじめに ——3年、5年、10年継続できるサロンを始めよう！

開業したい！　そう思った瞬間から、あなたのサロン開業プランは始まっています。

いつから準備して、いつオープンするのか、具体的な日付や行動などを決めていって、夢のサロン開業を叶えていきましょう。そして、たくさんのお客様に喜ばれるサロンにしていきましょう。

でも、いざ開業しようとなると、

- **開業は誰にでもできる？**
- **お金はどのくらい必要？**
- **実際にやっていける？**

さまざまな疑問や不安が湧いてくると思います。

実際、サロン業界は、オープンから10年以内に9割なくなるともいわれています。私自身、セラピスト歴18年、経営歴15年、今まで30店舗以上のサロンを開業してきましたが、その中で失敗や閉店も経験しています。

本書では、サロンの出店、移転、閉店、すべてを経験し、これまで200人以上のスタッフを育成、300人以上のスクールの生徒さんを教育してきた著者が、〝失敗しない〟サロン開業のノウハウをお伝えします。

そもそも、あなたはどうしてサロンを開業したいと思ったのでしょうか？

- **キラキラして見えるから**
- **自分の好きなようにできるから**
- **雇われていると、シフトの縛りがあるから**
- **お金持ちになれそうだから**

こんな感じで開業を目指している人は、失敗してしまうリスクが高いでしょう。

サロン開業で成功している人は、自分の理想のサロンを目指して開業しています。「なんとなく、いいな」と思っている人は、まだ開業のタイミングではないかもしれません。

サロンオーナーというと一見キラキラして見えますが、毎日さまざまな実務をコツコツとこなしていかなければいけません。成功する保証がない中で、すべて自分の責任で動いていかなければなりません。

技術を提供するだけではなく、売れるメニューを考え、お客様におすすめし、販売していかなければなりません。いわば「営業マンとしてのスキル」は、雇われているときよりもさらに必要になってきます。「最高の技術があるから、何も話さなくても大丈夫！」というのは大きな間違いです。

サロン運営は技術のほかにも、集客、経営、営業など、さまざまな知識やスキルを身につけて、初めて成り立っていくのです。

さらに難しいのは、サロンを継続していくこと。これまで多くのサロンオーナーと出会ってきましたが、サロンを開業して3年以上続けられる人は、10人いたら1人か2人でしょう。

女性は、結婚・出産などの人生の転機であきらめざるをえない場合も少なくありません。3年後、5年後、10年後の自分はどういった働き方で、何をしていたいのか。プライベートはどういうふうに過ごしたいのか、周りの人は自分が決めたことを応援してくれる人なのか。ぼんやりとでもいいので、考えてから開業することをおすすめしています。

特にこれから出産を希望しているならば、育児が落ち着くまで雇われ技術者を続け、結婚・出産を経てから開業しても遅くはありません。

今、自分の置かれた環境と自分の未来像を考えると、サロンを開業するべきかどうか、さらにはサロンを開業後、自分がずっと技術者でいるべきか、技術者を雇ってオーナーに徹するべきかなどが見えてきます。また、先を見据えた開業プランを設定しておくと、何かあったときに対応もしやすくなります。

開業は正直、行動すれば誰でもできます。ですが、それを継続することが一番の課題となるのです。

私がサロンを開業し続ける理由

私自身、20歳のときに深夜の仕事をしていて、身体を壊しました。頭から足先までいきなり全身が痺れ出して、涙があふれてくる……。重度の自律神経失調症でした。

それをきっかけに、私は「自分は、本当は何がやりたいんだろう」と心の内側に問いただしました。その中で、昔からマッサージをするのが好きだったことと、アロマにも興味があり、ときどきアロマトリートメントを受けていた経験がつながったのです。

そして、「アロマとマッサージの仕事を一生やり続けよう」と決意をし、21歳で業界デビュー、24歳のときに独立開業をして、今に至ります。

28歳のときに参加したハワイのツアーで出会ったカフ（ハワイの伝統文化の継承者）に「Stand up now（今立ち上がれ）」というメッセージをいただきました。その帰路で「女性の自立を助ける会社にする」という理念が降りてきて、2カ月後にはハワイアンフォレスト株式会社を設立しました。

24歳で独立したときは、実は法人化や多店舗展開などのビジョンはありませんでした。ただただ「理想のサロンをつくりたい！」という想いで開業をしたのですが、現在は「女性の自立を促す」という理念のサロンを増やしていくことで、自分で稼ぐ力を磨き、毎日を笑顔で頑張るスタッフが増え、その施術で癒されるお客様が増えていくことにやりがいをもっています。

この本を手に取ってくださった皆様にも、自分の理想のサロンへの想いが高まり、実際に開業するまでのプロセスを楽しんでもらえたらと思っています。そして、想いが高まったときには、躊躇なく行動してください。本書が、あなたのサロン開業が「夢」ではなく「現実」となるためのヒントとなれば幸いです。

ハワイアンフォレスト株式会社 代表取締役　森 優

実践！ サロン開業88の成功ルール
はじめの一歩から多店舗化まで

目次

第1章 お客様に感謝されて売上も上がるサロンを目指そう！

第2章

まず知っておきたいサロン開業の基本

第3章

開業準備スタート！コンセプトに合った物件・内装選び

第4章

単価アップを目指す！リピートにつながるメニュー・ルールづくり

第5章

ご新規様からリピーターまでお客様にどんどん出会える集客方法

第6章 リピート率80％以上を目指す！ サロンの接客術

第7章 最低限知っておきたいサロン経営の数字の基本

第8章

壁を乗り越えて成長しよう！ サロン開業のよくある失敗

第9章

経営者として成長し続ける！
スタッフ雇用・多店舗化のノウハウ

カバーデザイン　荒井雅美（トモエキコウ）
本文イラスト　春日井恵実
本文デザイン・DTP　三枝未央

※本書の情報は刊行時（2024年11月）のものです。最新情報やご自身の地域の条例等をお調べのうえ、本書の内容をご参考ください。

第1章

お客様に感謝されて売上も上がるサロンを目指そう！

1 サロン開業のメリット・デメリットを理解しよう

サロン開業のメリット

サロンを開業するということは、規模の大小やスタッフの数にかかわらず、あなたが経営者になるということです。雇われているときとは違い、経営者として多方面を見ながら進まなければなりません。

具体的なサロン開業のノウハウについては次章からお伝えしていきますが、その前に、第1章ではサロン経営者として知っておいていただきたいことをお伝えしたいと思います。

まずは、サロン開業のメリットとデメリットです。

私がサロンを開業したときは本当に大変でしたが、本当に幸せでした。自分が想いを込めて開業し、そして1人目のお客様を施術したとき、えもいわれぬ高揚感で包まれ、そのお客様に喜んでいただけたことがとてもうれしかったのを覚えています。

そして、そのお客様はのちに当店のスタッフになり、今は独立・開業をしています。すごい運命ですよね。

サロン開業の大きなメリットは、自分でつくったサロンにお客様が直接来店して「ありがとう」と喜んで帰っていただけることです。こんなにやりがいのある仕事はありません。

そして、それは大変であればあるほど大きな喜びになります。売上も順調に上がっていけば、雇われているときよりも大きな収入となります。

お客様の喜びと収入がやった分だけアップする。これが、開業の2つの素晴らしいメリットです。

サロン開業のデメリット

デメリットはというと、サロン経営はとにかく、自分がこだわればこだわる分だけ業務が増えてしまうこと。

開業当初は、どうしても一時的に金銭面が必ずマイナスになってしまいます。その元を取り戻す頃には、毎日の業務に追われてヘトヘトになり、最悪の場合、元が取れないまま赤字で終わってしまうこともあります。

保証がなく守られていない。これが最大のデメリットです。失敗しても成功しても、すべては自己責任。**サロン経営を続けていくには、「覚悟」の心構えも必須**なのです。

自分のサロンを始めるメリットとデメリット

メリット

- ☑ 雇われていたときよりもやりがいがある
- ☑ お客様に喜ばれる感動が大きい
- ☑ 内装などで自分の「好き」を全面的に出せる
- ☑ 自分のアイデアを常に反映しやすくなる
- ☑ 自由なスケジュールになる
- ☑ 大変なほど、お客様からの声や施術の時間に感動できる

デメリット

- ☑ すべてが自己責任になる
- ☑ お金の保証がないので、利益0なら給与も0
- ☑ 一からすべて自分で考えて行動を起こす必要がある
- ☑ スケジュール管理もすべて自分で行なう必要がある
- ☑ 健康管理が今まで以上に重要になってくる
- ☑ 上司がいないので、自ら学びを得る必要がある

2 自分にとっての理想のサロンとは?

●開業への気持ちを高めて、一歩を踏み出そう

あなたは、何のために開業したいのでしょうか?

私はいつも「**自分の理想のサロンをつくるため**」とお答えしています。

サロンの技術者は、自分の「好き」にまっしぐらで、職人肌の人が多いです。その「好き」という気持ちの高まりを大事にしていきましょう。自分の理想のサロンがないのに開業してしまうと、「開業はしたけれど、想いもこだわりもないサロン」になってしまいます。

あなたが「行きたい!」と思えるサロンは、どんなサロンでしょうか。できるだけ具体的に思い浮かべてみてください。お客様への想いや技術へのこだわりを高めていくためには、それなりの経験値が必要です。いろんなサロンの施術を体験する、たくさんのお客様を施術するなど、自身の五感をフル稼働させていきましょう。

また、サロンだけではなく、他業種からでも開業のヒントは見つかります。アパレル店や雑貨店、飲食店など、業種は違えど日々さまざまなサービスを受けています。

あなたはどういった目的でそのお店に行き、どのような空間で、どんなサービス・接客を受けたのか、そこでいくら使ったのかを振り返り、自分の理想のサロン開業への気持ちを高めていきましょう。

「経営を完璧に学んでから!」なんて意気込んでいては、いつまでも開業できません。

●開業パターンによって必要なスキルは異なる

とはいっても、目指すサロンのスタイルによって、開業のスタイルやタイミングはそれぞれ異なります。

もし、あなたが一人でサロンをオープンさせるのであれば、自分が食べていく分の収入さえ確保すれば継続はできます。想いが高まったときに即行動しましょう。

一方、人を雇ってサロンを始めるとなると、話は違ってきます。自分の技術をスタッフに教えるスキルが必要になりますし、スタッフのお給料分の利益も出していかなければなりません。それなりに経営スキルを身につけてから、開業したほうが失敗リスクは少なくなります。

私の理想のサロンを紹介！

色味や素材など、サロンのコンセプトに合わせたインテリア

ハワイ産の生地をかけ、間接照明もハワイのデザインのものをチョイス

3 まずは自分を知ることから

●自己理解は他者理解

開業をするにあたり、自分が経営者＝トップになるということは、日々の売上管理から店舗の改善、お客様やスタッフ等とのコミュニケーションなど、すべてを自分で判断して行動しないといけないということです。理想のサロンづくりを実現するためには、自分自身ですべてに気づいていかなければならないのです。

周囲に経営者仲間がいたり、いろいろとアドバイスを言ってもらえる環境にある人もいるかもしれません。でも、結局、**自分や自分のサロンのことを自分自身が一番理解できていないと改善にはつながりません**。

そのためには、人とのコミュニケーションの中で知らない自分を発見することが重要です。ただ、人はわからないものに恐怖したり、不安を感じたりするものです。自分以外のわからない存在である他者とコミュニケーションをとっていく中で、人が言っていることに対してイライラしてしまったり、逆に敏感に攻撃的だと感じて萎縮してしまうのは、ある意味、当然のことです。

そこで、私がいつも講習で紹介しているのが、「**ジョハリの窓**」という自己理解のためのマトリックスです。自分というのは4つの窓から構成されていて、自分が知っている自分は、そのうち2つの窓の部分でしかありません。ですが、その他の**他者にしか見えていない、自分が知らない部分も自分自身**なのです。

例えば、自分が当たり前だと思っていたことを他者から否定されたとします。その際に、その人にとっては「当たり前ではない」ということをまずは受け止めることで、自分や他者の理解を深めていきます。

人は自分自身のことを3割も知らないともいわれています。特にストレスになりやすい「盲点の窓」の部分を、他者とのコミュニケーションの中で受け止め、「開放の窓」の割合を高めていきましょう。

そして、これまで試したことのない新しいチャレンジによって「未開の窓」が開放されると、知らなかった自分の可能性が広がり、自己成長へとつながります。

自己理解を深めるフレームワーク「ジョハリの窓」

開放の窓の割合を多くすることで自己理解が深まる

ストレスポイント

他者が知っている	**①開放の窓** 自分も他者も知っている	**②盲点の窓** 自分は気づいていないが、他者からは見えている
他者が知らない	**③秘密の窓** 自分は知っているが他者には知られていない	**④未開の窓** 自分も他者も知らない自分

新しいチャレンジにより、開放される

POINT

- 「ジョハリの窓」は、自分の物事に対する知識でも同じ。自分が知らないことを受け止め、理解するという心得はお客様やサロンに関わる人たちとの円滑なコミュニケーションにつながる。
- 自分の背中は自分では見えない。何か問題が起きたときこそ自分の一面に気づき、「開放の窓」を広げていこう！

4 サロンを続けていくための絶対目標

●なぜ、売上を上げなければいけないのか？

根本的なことですが、サロンを運営していくためには売上を上げないといけません。しかし、サロンの技術者の中には、数字に苦手意識がある人も多いようです。

「売上を上げなきゃ」とは思っていても、心のどこかで「お客様から高いお金をとることはできない」と思い、なかなか料金を上げられないのです。

サロンで売上を上げないといけない理由は、**サロンを継続させるため**です。「他の仕事で収入があり、サロンは趣味程度の副業なので、問題なくやっていける」という人でない限り、収入がなければ、サロンは継続できません。たとえお金がある人でも、ビジネスとして考えるのであれば、常に赤字の状態でサロンを経営し続けていくのは現実的ではありません。

私がよく開業希望者にアドバイスするのは、「そもそも仕事というのは、お金をもらうためのひとつの手段である」ということ。日々努力を重ね、お客様に素晴らしいサービスを行ない、料金をいただくというのは、この世の中では当たり前のことなのです。

この「売上を当たり前に上げていく」ということに腹落ちすることが、経営をしていくうえで重要なポイントになります。

売上は素晴らしいサービスへの対価です。そして、対価としていただいたお金を世の中に回していくということは、社会貢献のひとつでもあるのです。自信を持って、その対価をいただきましょう。

●お客様の喜びと売上アップを目指そう

この世のすべての職業において「**お客様に喜んでいただく」「売上を上げる」、この2つは絶対目標**です。

管理職であっても、事務員であっても、会社としての目標は売上を上げて利益を出すことです。ましてや開業して仕事をしていくとなれば、自分が一人で売上を上げていくことになります。

せっかく苦労してサロンを開業するのですから、この2つの絶対目標を掲げ、お金へのメンタルブロックを外し、経営を継続していきましょう。

サロン経営者の絶対目標

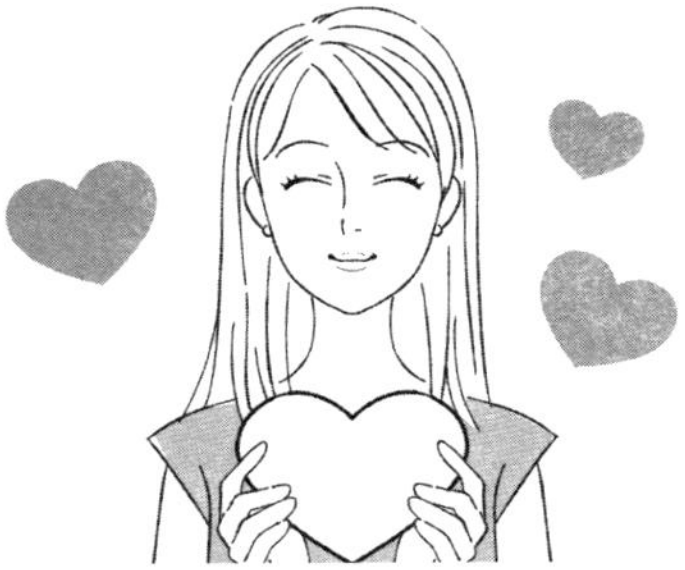

お客様に感謝される

＋

売上を上げる

POINT

どんな仕事でも、どんな商品でも、「お客様の喜び」と「売上アップ」、この2つを叶えていくのは同じ。

5 とにかく行動しよう

結局は行動力

ここまで、サロン開業を実現するために知っておいていただきたい経営者としての心構えをお伝えしてきましたが、**最終的に必要となるのは「行動力」**です。

とにかく頭の中で考えているだけではなく、手と足を動かしてみることが大事です。完璧を目指さず、6割くらいでOKということにして、できることから少しずつ、本書に書いてあるトピックを実践していってもいいでしょう。あるいは、どんなサロンにしたいか妄想しながら、メモに書いていくのもいいでしょう。

ただがむしゃらに動いていても、壁にぶつかってしまいます。開業するときは自分で決めなければならないことがたくさんあるので、余計な回り道をしていては、いつになってもサロン開業を実現することができません。

行動する際には**「調べる→計画する→実行する」を繰り返す**ことが最大のポイントです。どんなに細かいことでも調べて、計画して、実行することが理想のサロンを叶え、そして開業を成功させていくための一番の近道です。

実現していくのは他でもない自分

もちろん、私もこだわりを持って開業したのですが、実は当初は店舗を継続することに対してあまり思い入れがありませんでした。

ですが、今はまったくそう思いません。開業してから、同じ経営者との付き合いが多くなり、その中で「自分も経営しているんだ」という自覚が生まれ、もっとやってみたいという意欲が湧いてきたからです。

結局、行動した人に理想のサロンを実現する未来がやってきます。そして、それを実現していくのはすべて自分なのです。

開業するのであれば、ぜひ継続できるサロンをつくっていってください。その想いが行動になり、どんどん自分の理想が実現していきます。

漠然と怖いと思うのではなく、調べたり計画するのも行動のひとつだと思って、今いる場所からの一歩を踏み出してみてください。

行動することが成功への第一歩！

行動できない人

- 悩みを解決するような行動をしない
- 今の環境が変わることが怖い、変化したくない
- 失敗したらどうしようと漠然と悩む

行動できる人

- 悩みがあったら解決に向かうよう細かい行動をする
- 誰かにマイナスの意見を言われても真に受けない
- 自分で決めたことを誰かのせいにしない

COLUMN ①

人生で最高に幸せを感じた瞬間

皆さんは人生が最高に幸せだと感じたことはありますか？　私が人生で最高の幸せを得られた出来事のひとつが、開業でした。

苦労してつくったサロンで１人目のお客様を施術したときは大変高揚し、幸福感であふれました。まさに人生最高の瞬間です。

自分でつくったサロンにお客様が来てくれた。それだけで感動し、喜びとうれしさでいっぱいでした。開業の準備は思った以上に大変でしたが、自分のサロンを始めて本当によかったと思いました。

サロンを開くのには、1から考えて、調べて、コンセプトづくりから物件選び、内装やメニュー決めまで自分で何もかもを行ない、懸命に動いていかないと理想のサロンは叶いません。

結婚や出産、他にもたくさん幸せなことはありましたが、どの幸せにも必ず苦労がありました。結婚式もこだわればこだわるほど選択に悩み、やることも多くなります。出産は、産むときはもちろん、妊娠中のつわりや健診での苦しみや痛みもありました。

でも、すべて自分の幸せのためで、大変であればあるほど報われたときの感動や幸福感は大きいと感じています。

これから開業するあなたも、自分がこだわるサロンをどれだけ具体的に思い浮かべて、それを実行するかで感動レベルが変わってきます。自分の分身ともなるサロンに惜しみなく愛を注いで、楽しみながらサロン開業を実現していってください。

サロンは、オーナーも施術する人もお客様も、全員が幸せになれる素晴らしい業界です。幸せの循環が生まれるサロンづくりを目指していきましょう。

第2章

まず知っておきたい サロン開業の基本

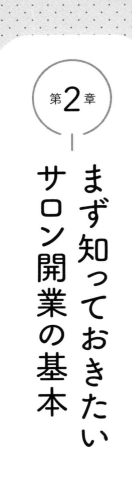

1 開業ブランド2つのパターン

サロン開業といっても、さまざまな方法があります。そのパターンは**開業ブランド**、**経営スタイル**、**開業場所**の3つによって決まります。あなたがどのようなサロンブランドで、どのような経営スタイルで、どのような場所で開業したいかを考えていきましょう。

まずは、「開業ブランド」から。開業ブランドは大きく分けて**自分のブランドか**、**それ以外か**の2つです。

自分のブランドで開業する

自分のブランドで開業するということは、自分のサロンのブランドをつくり、そこへお客様に来ていただくことになります。コンセプト、ロゴ、メニュー、値段、内装、広告、仕入れなどをすべて自分で行ない、売上を立てていきます。自分が技術者であれば、自分の好きな理想のサロンを具体的に思い描き、開業します。

自分ですべてを行なうのは本当に大変ですが、その分やりがいもあり、経験も積むことができます。

すでにあるブランドで開業する

自分のブランドではなく、すでに存在するお店のブランドで開業するケースもあります。

例えば、**フランチャイズ**（**FC**）といって、チェーン展開しているブランドの本部と契約を結び、そのブランドを買い取って開業する方法です。それなりに初期費用がかかりますが、コンセプト、ロゴ、メニュー、値段、内装、広告、仕入れなどすべて本部で決まっていることが多く、本部から経営や営業サポートを受けられるので、自分の技術にまだ自信がない場合でも開業できるのがフランチャイズのメリットです。

また、**居抜きサロン**という方法もあります。居抜きとは、内装が以前の店舗のままになっている物件のことをいいますが、さまざまなパターンがあります。例えば、なんらかの事情によりオーナーが運営できなくなり、代わりに運営を引き継いでくれるオーナーを探している場合、サロン名も内装も顧客データもそのままで、居抜きの状態で店舗を譲渡してくれることがあります。すでに閉店している場合は基本的にサロン名や顧客データなどは使えないことが多く、基本的に内装だけを引き継ぎます。

開業ブランドのパターン

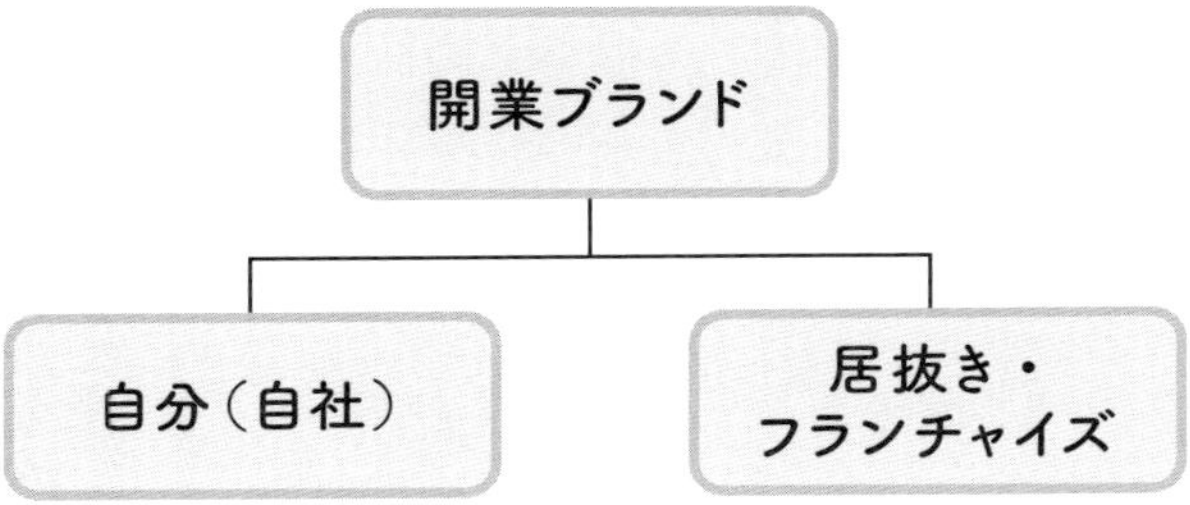

	開業のポイント	メリット	デメリット	開業資金	店舗の大きさ
自社ブランド	•すべて自分で行なうので、入念な計画が必要 •同業種の前職との関係性を良好に保っておく •技術はたっぷり磨いておく	•自分の好きなことが自由にできる •大変な分、お客様を施術した喜びが大きい •低コストで始めることができる	•自由な分、決め事が多くなり大変 •経営の相談相手がいないと低迷しがち •他との差別化を図り続けないといけない	50万円～1000万円	5坪～
居抜き	•譲渡資金は前オーナーとの交渉になる •居抜きのパターンがそれぞれある •なぜ譲渡になるのかの理由を明確にしておく	•そのままスタートできるので開業が早くできる •売上見込みが立ちやすい •戦略によっては以前よりも繁栄できる	•前オーナーとの契約の取り交わしに注意する •売上迷走での譲渡の場合は経営戦略が必須 •物品などの経年劣化により買い替えが必要に	200万円～1500万円	5坪～
フランチャイズ	•ある程度の資金の準備が必要 •本部のマニュアルに従って開業する •信頼できる本部を選んでいく	•本部マニュアルで知識0スタートでも開業できる •開業後も本部から経営のサポートを受けられる •自社ブランドより成功率が高くなる	•基本的にマニュアルに従うため自由度が低い •自社ブランドより開業資金が高くなる傾向にある •本部と相性が悪いとトラブルになる可能性がある	300万円～2000万円	10坪～

2 経営スタイル2つのパターン

●オーナー自ら技術者になるか否か

サロンを開業する場合、基本的には技術が必要ですが、自分に技術がなくても開業自体はできます。

①自分が技術者のパターン

技術を少し覚えたくらいで開業するのはダメとは言い切れませんが、ものすごく安価で趣味で行なう程度にしたほうがいいでしょう。経営として成り立たせるのであれば、やはり技術にはそれなりの「経験値」が必須になってきます。「1万時間の法則」というものもあります。どんなことも1万時間かければプロになるという法則です。もちろん生まれ持った才能や努力のやり方によっても差はできますが、練習量や経験値など、その技術にどれだけ時間を費やしたかで絶対的な差が出てきます。

自分が技術者として開業するとなれば、やはり素晴らしい技術が必要です。素晴らしい技術とは、何を基準に考えればいいかというと、それは「**お客様の声**」です。

あなたがこれまでサロンで働いてきて、お客様から「来てよかった」「あなたが一番」などの声をいただいていたなら、技術に対して自信を持ってください。コンテストで入賞したとか、メディアで紹介されたとか、立派な実績でなくてもいいのです。少なくとも何人かのお客様から認められていたのであれば、開業後もリピーターになっていただける可能性が高いからです。

②雇用したスタッフがお客様を施術していくパターン

自分が技術者にならず開業するパターンも意外とあります。スタッフに施術を行なってもらい、自分はオーナー業に徹するパターンです。スタッフを雇用して、経営を成り立たせなければならないので、開業するサロンの業界知識や経営スキルはより必要となってきます。

ただし、フランチャイズでの開業の場合は、本部に加盟金を払えば、業界知識や経営ノウハウを教えてもらえるため、熟知していなくても始めやすいでしょう。

いずれにしろ、自分が技術者ではない限り、スタッフにお客様を施術してもらうので、スタッフとの信頼関係を築く努力や経営スキルはそれなりに必要となります。

経営スタイルのパターン

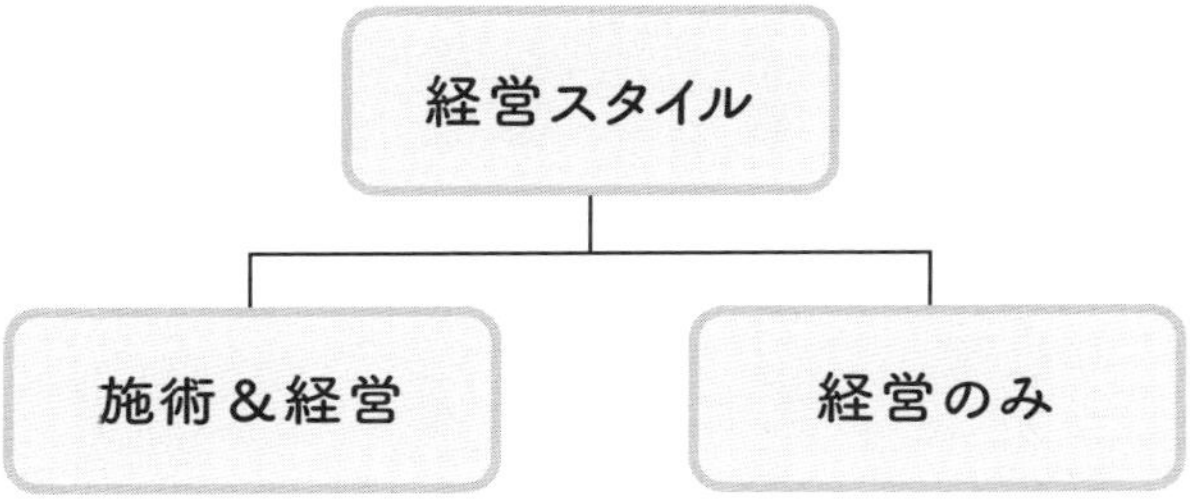

	向いている人の特徴
施術＆経営	•自分で動くことが好き •自信が持てる技術がある •直接「ありがとう」と言われたい •一生ものの技術を披露していきたい
経営のみ	•副業として開業したい •サロンに行くのは好きだけど不器用 •本格的に経営をしてみたい •スタッフを雇用して育成もしてみたい
フランチャイズ	•ある程度の資金の準備が必要 •本部のマニュアルに従って開業する •信頼できる本部を選んでいく

POINT

人・物・金を動かす経営の中でも、サロンは特に「人」を動かす能力が必要。

サロンは人がいないと売上が立たない商売。スタッフを雇用する場合、スタッフと上手にコミュニケーションがとれないと、売上をあげてくれなかったり、すぐに辞めてしまったりする。

3 開業場所6つのパターン

●主なサロンの開業場所

サロンの開業場所は、実はたくさんあります。**自宅、出張、マンション、レンタルサロン、テナントビル、商業施設**など、サロンはさまざまな場所で始められるのです。

私の場合、最初はレンタルサロンを副業としてスタートしました。別のサロンに勤務しながら、閉店してしまった前職のサロンの指名のお客様のみ、レンタルサロンで対応していました。コストがかかるのは予約のときだけなので、リスクも少なく、気軽に開業ができます。

・自宅でのサロン開業（マンションタイプ）

そのあと開いたのが、自宅兼サロンです。2LDKのマンションで、そのときの家賃は14万円ほどでした。

自宅と兼用なので、資金的な負担は少ないですが、すべての部屋をサロンスペースとして使用していたので、プライベートとの仕切りが全くなく、毎日気が休まりませんでした。自宅サロンは、たとえ一人暮らしだったり、家族の同意があったとしても、自分のプライベートスペースを確保することが大事です。私の場合、結局、同じマンションの別の部屋を借りることにしました。

・マンションでのサロン開業

マンションタイプは、サロン運営の申請が不可欠です。許可がおりるかどうか、賃貸契約の前に必ず確認する必要があります。

・出張でのサロン開業

出張スタイルだと、リピーターになっていただければ、割合、高額な料金でも支払ってもらえます。ですが、そこまでの信頼関係を築くのは簡単な道のりではありません。いきなり出張サロンとして開業！　というのは、現実的にお客様を確保するのが難しいでしょう。

また、女性が男性のお客様のご自宅で施術するとなると、安全面に気をつけなければなりません。

・テナントタイプ・商業施設タイプ

店舗の内装状態によって工事費用が異なり、自分のサロンがどのくらいの寸法、導線かをすべて把握したうえで進める必要があります。路面店を選べるので、飛び込みのお客様が期待できるのがメリットです。

開業場所のパターン

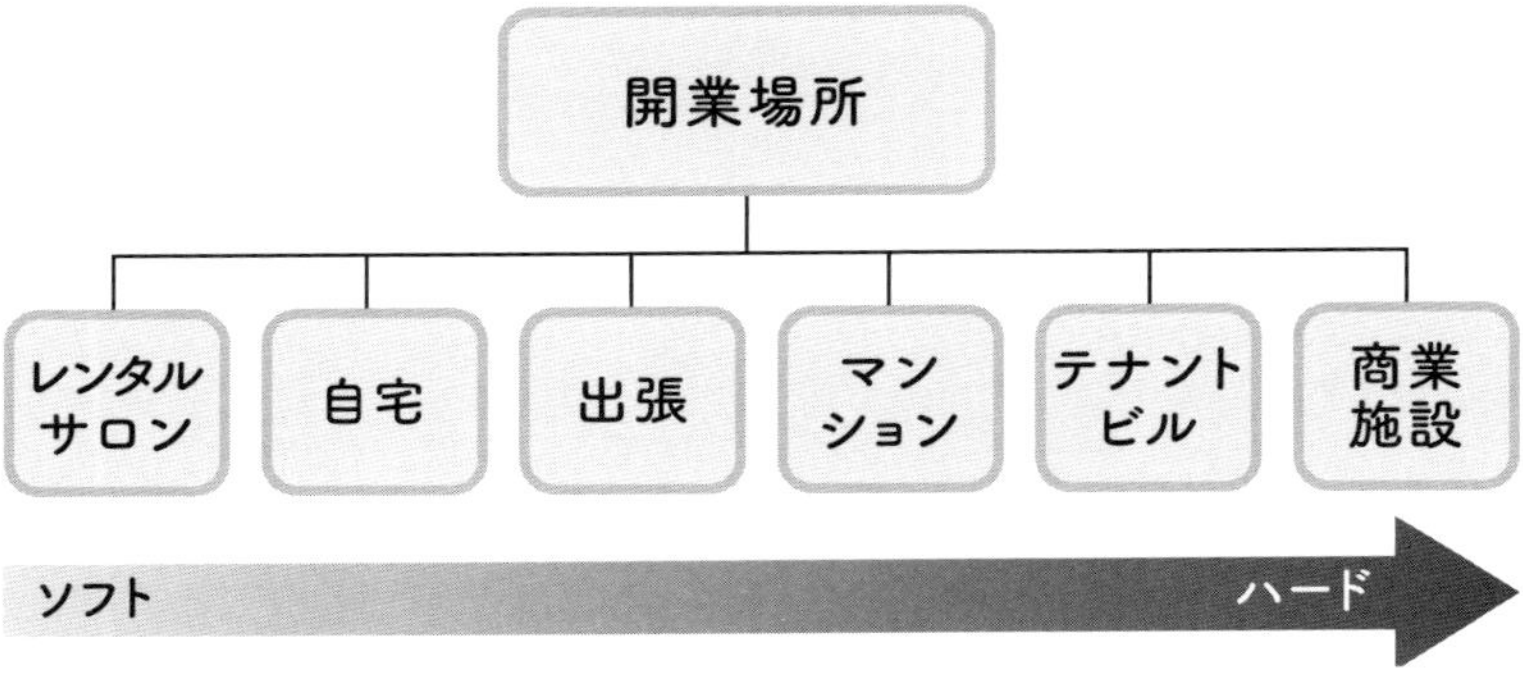

開業のポイント	月の固定費	向いているスタッフ数	特徴
レンタルサロン 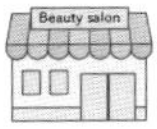	家賃1,500円 ＋交通費	スタッフ1名〜	リスクが少ないが、集客できるようになるまでの道のりが長い
自宅サロン 	家賃０円〜 ＋光熱費	スタッフ1名〜3名	家賃は安いが、自宅兼用のため、プライベートの弊害が起こりやすい
出張サロン 	家賃0円 ＋交通費	スタッフ1名〜	リスクは少ないが、お客様に呼んでいただけるようになるまでの道のりが長い
マンション・テナント 	家賃5万円〜 ＋光熱費	スタッフ1名〜	駅近・好立地になるほど家賃が上がる傾向
商業施設 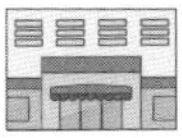	家賃15万円〜＋光熱費	スタッフ2名〜	集客力がある分、家賃や工事費用が高くなる。営業時間など、基本施設に準じることが多い

※この他、他社オフィスや別業種のサロン内での開業もあり、条件はさまざま。

4 自分の業界の調べ方

●業界を知ることは市場を知ること

「自分が開業する業界は、どういった業界なのか？」を改めて調べましょう。

これまで働いてきた業界なんだから知っているよと思うかもしれませんが、きちんと知っている人は意外と少ないのです。

まず、インターネットで検索してみましょう。**「〇〇業（自分の業界名＋市場）」**で検索すると、自分の業界の現状を知ることができます。例えば、「リラクゼーションサロン　市場」「美容院　市場」などです。

まずは、マクロの視点で大きく市場を見て、その後、ミクロの視点で細かくお客様の動向（月に何回来店するかなど）や客単価などを見ていくと、自分がやりたいと思うサロンがどんな業界なのか、どういう市場で仕事をしていくのかが見えていきます。

ただ、サロン業界は個人で経営しているケースも多いので、正確なデータがはっきり出ていなかったりもします。そんなときは、ホットペッパービューティーアカデミーの「美容センサス」をネットで調べてみるのがおすすめです。

また、**広告会社に聞く**という手もあります。特に大手広告会社はサロンの広告をいくつも載せており、その業界について詳しく知っている場合があります。今、どんなものが流行っていて、どんなサロンが勢いがあるかなどを聞いてみると、自分の業界の現在の市場状況を見ることができます。

他にも、客として利用したことのあるサロンに直接聞くというのも、リアルな市場を知るひとつの方法です。

●業界を知ることで意識が変わる

自分の業界について調べていくと、自分のサロンがどんなふうにお客様に役に立つのかが、より明らかになってきます。

これから自分が始めるサロンが、どのような社会貢献ができるのかといった実感を持つことも、行動を促進するきっかけになります。

業界の市場を調べよう

ホットペッパービューティーアカデミーの「美容センサス」など、広告会社のデータを見てみる

市場規模がわかる

自分の業界がどのくらいの規模の市場で動いているのか、どんな業界なのかを見ることで、自分の立ち位置がわかる

平均単価がわかる

メニューを考える際の指標になる

ニーズがわかる

ニーズ＝需要がわかるので、開業場所をどこにするかなどの目安になる

POINT

自分のサロンの立ち位置を把握しておくことで、開業場所やコンセプトなどの目安ができる。

5 サロンのコンセプトの決め方

●お客様に本当に提供したいものは？

コンセプトとは、お客様にお店を認知してもらうためのブランディングのひとつです。物件探しやメニューづくりなど行動に踏み出す前に決めておかないと、あとになって時間がなくて、こだわりの少ないものになってしまいがちです。コンセプトは、早い段階でしっかり決めておきましょう。このコンセプトが、ゆくゆくはあなたのサロンにしかないブランドとなっていきます。

コンセプトづくりに目的とストーリーは欠かせません。なぜ、その技術を行なうのか、それがどんな技術なのか、お客様がどうなっていくのかのストーリーを考えてみましょう。

例えば、「さまざまなサロンに行き、1万人以上の施術をしてきたオーナーが、自分の理想の技術でお客様の疲れを癒していきたいという想いからオリジナル技術を開発。お客様が天使のように羽ばたける。足が軽くなり、重力から解放されて自由になり、そのお客様は日々の生活の動きが軽やかになる」といったストーリーで、特別な雰囲気を味わえるラグジュアリーな内装のサロンのケースで考えてみましょう。

技術、目的、内装、商材などのイメージをある程度決めたら、それを50文字以内でまとめていきます。この例でいうと、「**重い身体を軽くさせたい人に、ラグジュアリー空間で受ける極上整体で天神のボディを提供する**」がコンセプトになります。

そして、コンセプトから**キャッチコピー**を決めます。キャッチコピーは10～20文字以内が望ましいでしょう。このストーリーでいうと、例えば、「極上技術で天使のボディ」などのキャッチコピーが思い描けます。

サロン名もイメージと合ったものを決めていきます。サロン名は、他のサロンで使われていないかなども確認したうえで決定しましょう。

また、**ロゴ**も一緒に作成していきます。ロゴは、フォントや色味などでイメージが左右されます。自分が思い描くイメージを書いてみて、ロゴを作成してくれるサイトやデザイナーさんに依頼するのがおすすめです。

ストーリー＋お客様の体験＋キャッチコピー

施術なら何でもできるサロンです！
店舗の内装は気分によって変えていきます！
Beauty salon
?

POINT

「何でもできます」はNG！コンセプトが決まっていないと、お客様はどんなお店か理解できない。

10,000人以上の施術をしてきた
オーナーこだわりの整体サロン。
ラグジュアリーな雰囲気の中、
「極上技術で天使のボディ」をご体験ください
Beauty salon
!

POINT

ストーリー＋どんな特徴のサロンかを明確にして、内装テーマも統一すると、お客様にお店を理解をしてもらいやすい。

6 サロンブランディングで認知を高める

●ブランディングとはイメージを認知させること

「ブランド」という言葉は、北米で牛飼が自分の牛を「区別」するために焼印を押していた「ブランダー」が起源なのだそうです。

ブランディングとは、**他のお店と「差別化」し、お客様に自分のお店の名前やコンセプト等のイメージを認知してもらうための取り組み**のひとつです。

例えば、「ユニクロ」というと、皆さん、シンプルな赤いロゴや内装、お手頃価格の衣類店といったイメージが思い浮かぶと思います。これが、ロゴが赤から黄色やモノクロにコロコロ変わったり、内装がシックだったり和風だったり、1年ごとにイメージが全然違うなどコンセプトがどんどん変わっていくお店だったら、どうでしょうか？　お客様はユニクロがどんなお店か、認知しにくくなってしまいますよね。

ブランディングはお店全体をどんなイメージか認知してもらうために取り組むもので、最低1年はそのイメージで徹底して動くことをおすすめします。継続していけるように、自分に飽きのこないものにしておくことが一番です。

ブランディングは、コンセプト、キャッチコピー、サロンの内装、メニュー名、技術内容など、すべてのものに対して関わってきます。

例えば、最初にどんな技術を提供していくかが、あまりにもぶれていたら、その時点でブランディングは成り立ちません。タイ古式のお店をやりたいのに、興味があるからといってスウェーデントリートメントを取り入れてメニューにしてみたり、エステがやりたくなって、脱毛の機械を置いてみたりと、**コンセプトからかけ離れた「何でもやります」的なサロンでは結局、何のお店か認知してもらえず**、お客様が離れてしまいます。

自分が決めたサロンのイメージは大きく変えずに、大切に守り続けていきましょう。ブランディングのイメージをお花で例えると、ブランディングフラワーの花びらがサロンのロゴやコンセプトなどです。花びら1枚1枚をきれいに咲かせて、お客様の認知度を高めていきましょう。

ブランディングフラワーを守って認知につなげよう

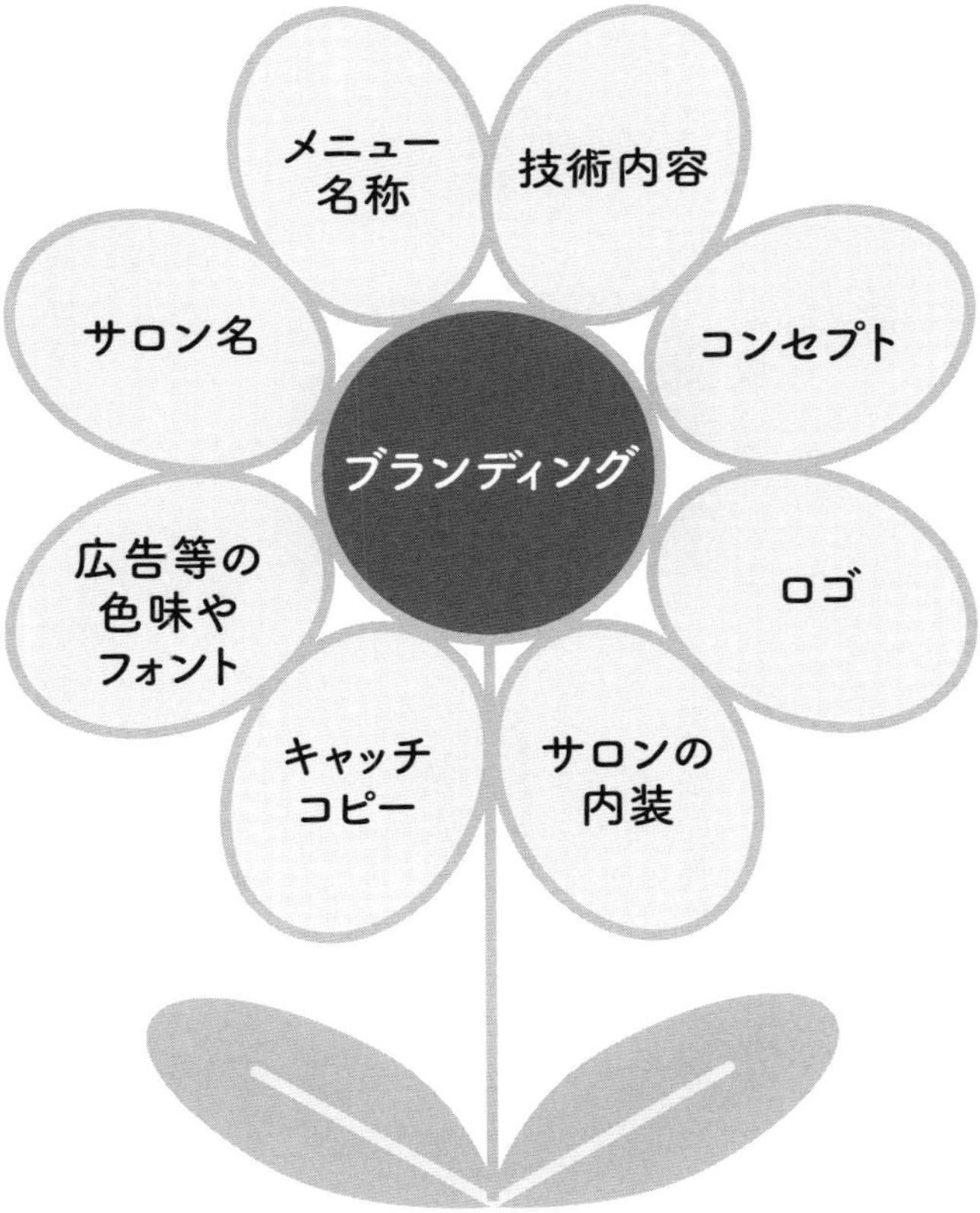

POINT

花びら一つひとつのサロンイメージを描いていくことで、ブランディングフラワーがきれいに咲いていく

7 開業にお金はいくら必要？

店舗となれば、それなりの資金が必要

開業で一番不安になるのが、お金のことだと思います。実際に、お金はいくらかかるのか、開業見積もりを見てみましょう。

まず、開業時は売上がありませんから、最初の資金は自腹を切ることになります。ということは、一時的に自分のお金がマイナスになるということです。それを**いつ回収できるのか**を計算に入れておきましょう。

「貯金もたくさんあるし、資金を費やせるだけ費やして、良いサロンをつくろう」という考えでは、後々経営が成り立たなくなってしまいます。月にコストがいくらかかるのか、運転資金（経営していくための予備資金）をどのくらい持つのかなども考えて予算を決めていきましょう。**運転資金は、月コスト×3以上が無難**です。

お金は足りないけど、どうしても開業したいという人は、「借入」という選択肢もあります。

借入金は、大体貯金の3倍程度を目安にするといいでしょう。100万円貯金があるけど、あと200万円は絶対必要という場合は、審査が通れば300万円借入をして400万円の資金で開業することができます。

有名なところだと、「日本政策金融公庫」という国が運営している機関がお金の貸し出しをしています。また、商工会議所に行けば、提携の銀行などを教えてくれることもあります。本章11項で紹介している事業計画書を1枚持参すると、話もスムーズに進みやすいです。

お金を借りるなんて……と不安に思う人もいるかもしれませんが、経営者は100万円借りても1億円借りても、失敗すれば結果は一緒です。もちろん、その分の利子や返済があるので、経営の規模に応じて借入の金額は調整しなければいけませんが、借金にネガティブなイメージがあるからといって、開業をあきらめる必要はありません。企業の多くが銀行からの借入や株主からの資金があって運営を成り立たせているのです。

小さいサロンの経営であっても、お金がないとやっていけないのは同じこと。借入という選択も当たり前に視野に入れておくといいでしょう。

開業に必要なお金のパターン例

	パターンA	パターンB	パターンC
開業資金	一人で開業	人を雇用する	FCで開業
FC加盟金			1,650,000
スクール費			1,650,000
求人採用費		300,000	300,000
物件取得費	500,000	1,000,000	1,000,000
内装工事費	500,000	1,000,000	1,000,000
店舗備品費	500,000	700,000	700,000
材料費	150,000	300,000	300,000
開業費合計	**1,650,000**	**3,300,000**	**6,600,000**
運転資金	1,000,000	2,000,000	2,000,000

パターンA

・リラクゼーションサロン
・ベッド１台
・テナントビルタイプ
・10坪（約33平米）
・家賃10万円

パターンB、C

・リラクゼーションサロン
・ベッド２～３台
・テナントビルタイプ
・12坪（約40平米）
・家賃15万円

POINT

業種の違い、場所、物品や商材として何を買うかで、大きく開業費用が左右される。

美容院など水回りの工事が必要とされる場合は、工事費用が100万円以上加算されることも。

運転資金は月コスト×３カ月分はあったほうがベター。

8 物件探しからオープンまで開業準備のスケジュール

6つの行動を同時進行する

開業すると決めたあとは、さまざまなことを同時進行しなければならなくなります。

- **物件探し**……物件がないと開業はできません。開業準備で最初に行動すべきは物件探しです。自分の理想となる坪数（サロンの大きさ）を決めて、それに合った物件を探していきましょう。**↓第3章**
- **内装**……物件が決まったら内装のコンセプトを決めていきましょう。個人的にはここが一番楽しいところです。コンセプトがぶれないように家具や備品を選んでいきましょう。**↓第3章**
- **仕入れ**……施術に必要な材料を発注しましょう。こだわりの材料を選ぶのもポイントです。
- **広告**……お客様は、あなたのサロンが開業したことをまだ誰も知りません。お客様にサロンの存在を知ってもらうために、広告には惜しみなく時間を使い、広く知ってもらえるようにしましょう。**↓第5章**
- **管理**……お金、お客様データなどをどのように管理していくのかをあらかじめ決めておきます。

おつり等はコインボックス等を用意して、毎日何枚あるかを把握できるように管理するのがポイントです。**↓第7章**

お客様データの管理は、リピートにもつながる大事な業務です。名前、電話番号、住所、施術内容、お客様との施術中の会話の内容、お悩みなどをメモしておいて管理します。顧客満足度の向上が期待できるデータなどを外部に漏れないよう管理しましょう。**↓第6章**

- **人材**……人を雇用する場合は、求人募集が必要です。雇用形態をどのようにするのか（給与、売上目標達成歩合のあるなし、交通費、制服費支給など）を決めます。時給の場合は、都道府県内の最低賃金を下回らないように設定しましょう。

募集には、サロンの特徴やアピールポイントなどを打ち出します。最近ではウェブ求人(リジョブ、インディードなど）で人材募集をかけるのが主流です。地域密着型ならチラシでの募集も効果があります。

開業に必要な6つの行動

①物件

物件が決まって初めて、すべてが進行します。

②内装

キレイはもちろん、お客様動線を考えた内装にしましょう。

③仕入れ

コンセプトに合う商材、物販品などを仕入れましょう。

④広告

無料・有料どちらの広告も必要。できるところから始めましょう。

⑤管理

お金の管理・お客様の管理をしっかり行ないましょう。

⑥人材

自分以外の人を雇うのであれば、求人も必須です。

POINT

①の物件選びが終わったら、あとはすべて同時進行で！

9 どのくらいの期間で開業できるのか？

●主な店舗別・開業期間の目安

前項でお伝えしたように、さまざま過程を乗り切り、開業の準備をします。開業すると決めて行動をスタートし、**物件が決まってからおおよそ1カ月～3カ月でオープン**となるのが基本的な流れです。

テナントの種類により、工事と審査の期間は大きく異なります。雑居ビルタイプの場合は、工事着工から完了まで大体2週間。商業施設もスケルトンから行なった場合は、1カ月が目安です。

ただし、商業施設は設計に時間がかかります。設計図面の提出を施設側に求められ、その審査もあります。物件審査に2週間～1カ月、設計審査に2週間～1カ月、その他施設による審査に2週間～1カ月ほどかかります。これだけで最長3カ月もかかりますね。

さらに、求められる書類なども雑居ビルよりも多い場合がほとんどです。書類提出に時間がかかってしまえば、それもタイムロスになります。

●開業スケジュールの実例を公開！

初めて開業する人にとっては、なかなかイメージしにくいと思いますので、左ページに私が手がけたサロンの実際の開業スケジュールを公開します。こちらは雑居ビルパターンの実例で、求人をして、技術習得などの研修も同時に行ないました。

ちなみに、私が個人で開業した際は物件が決まってから3週間で開業しました。技術者が1人で独立・開業する場合は、他のスタッフの採用や研修の期間が必要なく、マンションタイプであれば工事がいらない分、早く開業できるケースが多いです。

●独立前に気をつけたいこと

前職・現職で顧客がすでについている人は、そのお客様に通ってもらえる立地が開業場所の候補になるでしょう。その際、気をつけたいのは、自分が勤めていたサロンとの競業や顧客データ（個人情報）の持ち出しを禁止している場合があること。しっかり確認しましょう。

育ててもらったサロンには感謝の気持ちを持って独立し、応援してもらう形で開業することがベストです。

開業スケジュールの例（雑居ビルのサロン）

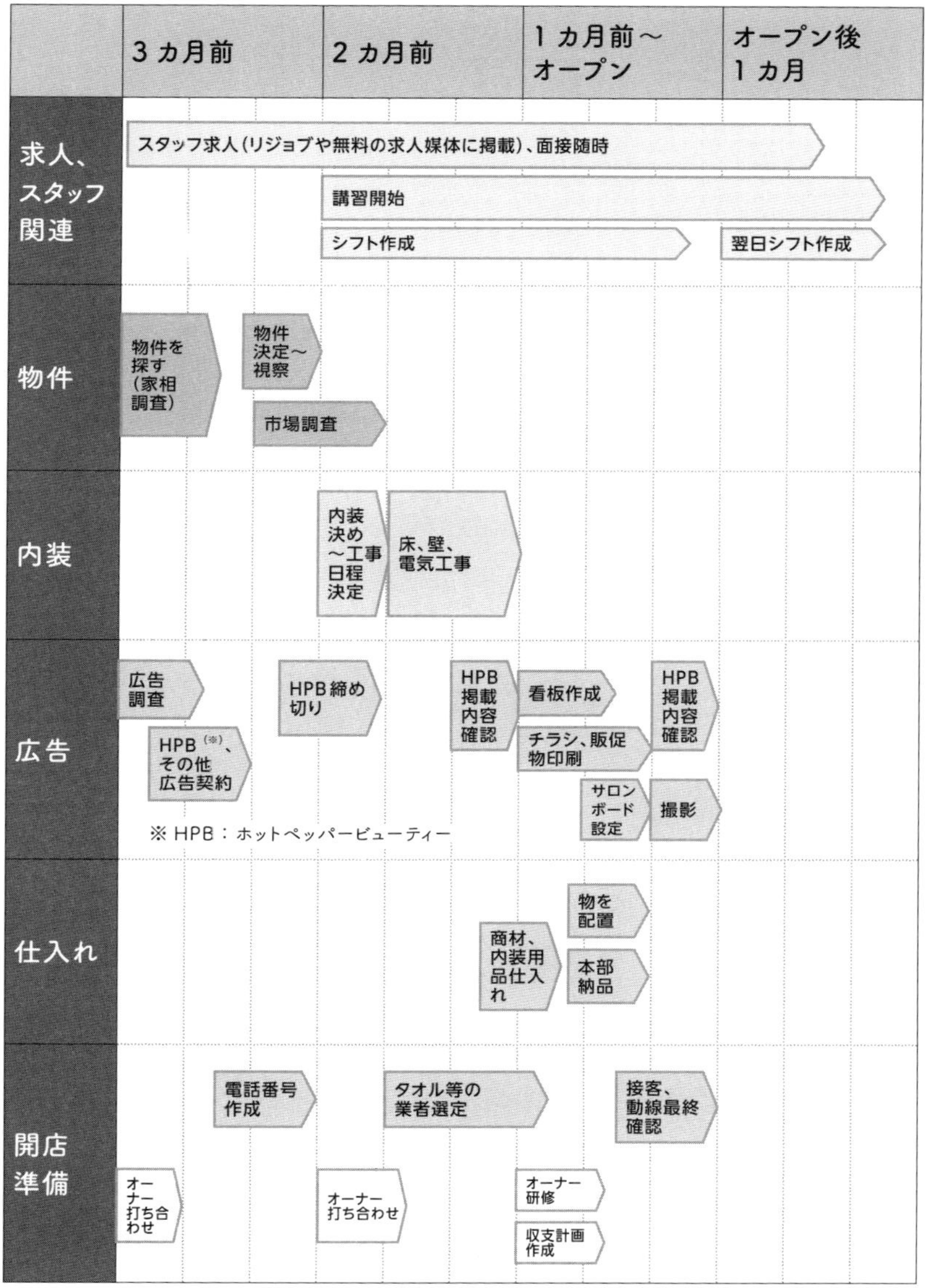

10 サロン開業と同時に行なう業務

●開業届けを出そう

個人事業主の場合、開業1カ月以内に税務署に行き、開業届を出す必要があります。今はインターネットでも提出することができます。

確定申告のときに必要となる**青色申告承認申請書**もあらかじめ出しておくといいでしょう。

個人事業主の確定申告は白色申告と青色申告の2種類あります。青色申告にすると、最大65万円の特別控除が受けられるなど、さまざまなメリットがありますが、白色申告よりも申告が複雑になるのがデメリットです。

また、廃業の場合は廃業届を出す必要があります。

●施術内容によっては保健所の登録も必要

国家資格を伴う施術所や理容所、美容所などは、保健所の許可が必要です。申請の期日や間取りなどの取り決めがそれぞれ異なりますので、開業前に自分のやりたいサロンが保健所の登録が必要かを調べてからサロン開業をしましょう。調べ方は「○○サロン　保健所許可」「保健所　開業地域」などで検索して、直接保健所へ問い合わせをしましょう。

●スタッフを雇用する場合

一人サロンではなく、スタッフを雇う場合は、

- **労働条件は書面で明示する**
- **雇用保険被保険者資格取得届をハローワークに提出**
- **給与支払事務所等の開設・移転・廃止届出書を提出**

などの手続きが必要になってきます。社労士をつけずに人を雇用する場合は、ハローワークなどに直接問い合わせをして聞いてみましょう。

雇用ではなく業務委託とする場合は、個人事業主として契約するので、**業務委託契約書**の締結が必要です。

●会社にする場合

会社として開業する場合、**株式会社**、**合同会社**、**合資会社**、**合名会社**の4種類の形式があります。それぞれで特色が違い、申請の仕方も異なります。個人事業主よりも手続きが複雑になるので、商工会議所、行政書士や税理士、中小企業診断士などに相談しましょう。

サロン開業の際に必要な申請

開業届の提出	**→税務署に問い合わせ** ●「個人事業の開業・廃業等届出書（開業届）」 「青色申告承認申請書」など→税務署 ●「事業開始等申告書」→都道府県の税事務所
保健所の登録	**→開業地域の保健所に問い合わせ** **【保健所への届出が必要になるケース】** ● 国家資格が必要な施術の場合（理容師・美容師など） ● 首から上の施術を行なう場合（まつ毛エクステなど）
スタッフ雇用	**→ハローワークや社労士に相談** ●「労働保険保険関係成立届」 「労働保険概算保険料申告書」→労働基準監督署 ●「雇用保険適用事業所設置届」 「雇用保険被保険者資格取得届」→公共職業安定所 ●「健康保険・厚生年金保険被保険者資格取得届」 「健康保険被扶養者（異動）届」など→年金事務所 ●「健康保険被保険者資格取得届」もしくは 「国民年金被保険者資格取得届」→市区町村役場
会社設立（法人化を考えている場合）	**→商工会議所や行政書士に相談** ●「商業・法人登記申請手続」→法務局 ●「法人設立届出書」→税務署 ● その他、都道府県・市区町村への届出など ※商工会議所では借入の相談もできるので、会社を設立しない場合でも、独立する際に相談に行くのがおすすめ。

POINT

自分が開業するサロンで必要な申請をあらかじめ確認しておこう。

直接、役所に相談するときは、自分が何をしたいか、何を知りたいかを明確に伝えることで、自分が望むアドバイスをもらいやすくなる！

11 行動する前につくっておきたい事業計画書

●さまざまなタイミングで活躍する事業計画書

次章から、開業前後の実践ノウハウについて具体的にお伝えしていきますが、開業準備で絶対にあったほうがいいのが**事業計画書**です。

「事業計画なんて、まだ明確になっていない」と思うかもしれませんが、難しく考えなくて大丈夫。A4用紙1枚の簡単なもので十分です。

事業計画書は、例えば商工会議所への相談や、不動産会社との交渉、銀行から借入をする場面で役立ちます。サロンのコンセプトや売上の目標値などがまとまっているので、周りから見たときにわかりやすい指標となります。また、開業前後で悩んだり迷ったりしたとき、自分が目指すべき方向からブレずにサロンを続けていくための指針にもなります。

事業計画書に書くべき項目は次の6つです。

①サロンコンセプト

具体的にどういったコンセプト（第2章5項参照）で行なっていくのかや、席数などの情報も決まっていれば記入します。

②オーナープロフィール

履歴書だと思って書きましょう。学校、仕事の経歴、サロン開業に対しての想いを記入します。

③お客様単価

想定しているお客様単価を記入します。

④メニュー事例

仮のメニュー事例を、金額とともに記入します。

⑤収支計画

ここは数字の部分が多くなりますが、簡単にいうと売上、コスト、利益の3つの項目をつくればいいのです。

⑥市場調査

駅の乗降者数、住んでいる人数などをネット検索してみましょう。また、同じ業界のサロンがどれだけあるかを調べると、競合店がどのくらいあるかもわかります。

以上のことを記入すれば、立派な事業計画書になります。あまり難しく考えずに、まずは1行でもいいので、全項目を埋めてみましょう。

1枚事業計画書の例

中島　恵

1987年8月4日生まれ、横浜市出身。
○○学校卒業後、業界へ。その後5年以上のサロン勤務、お客様を延べ1万人以上を施術し、お客様に喜ばれる専門サロンを開業したい想いが高まり、独立開業を目指しています。
資格: ○○／○○／○○

■サロンコンセプト

パリのブルックリンインダストリアル風の店内で、落ち着く空間の提供をします。

ショートカットを専門に、スタイルアップしたい方に適切なアドバイスと技術を提供し、○○という自慢の商品を合わせてセット販売をしていく予定です。

■ターゲット層

女性8割、男性2割
(ショートカットやスタイルアップを求めている20～50代の年齢層のお客様がターゲット)

■お客様単価

12,000円
(物販やヘアケアオプションなどで単価を維持する計画)

■メニュー事例

・スタイルアップショートカット　シャンプートリートメント付き　8,900円
・スタイルアップカット&カラー　シャンプートリートメント、ホームヘアケア付き　12,800円
・カット&カラー　スペシャルトリートメント頭皮ケア&ヘッドスパ付き　16,800円

■収支計画1～3年分

1年目　売上900万円　コスト800万円　利益100万円
2年目　売上1200万円　コスト900万円　利益300万円
3年目　売上1300万円　コスト900万円　利益400万円

■市場調査

周辺にヘアサロンは多いですが、ショートカット専門店はなく、お客様の需要をとっていける見込みが立ちます。ネット広告のほか、周辺でのポスティングやチラシなどで、お客様へ周知していきます。

COLUMN ②

自分に合った開業スタイルは？

自分の気持ちに問いかけるというのは、とても大事なことです。下記の心理テストを参考にしながら、自分がどの方向でサロンを開業したいか、心に決めていく準備をしていきましょう。

Q1　自分のやりたいサロンイメージがはっきりある
Q2　自分で何もかもこだわり抜いたサロンを開業したい
Q3　自分ですべてこなしていける自信がある
Q4　技術には絶対の自信がある
Q5　1～10まで何もかも自分で決めていくのが理想の開業だ
Q6　リスクをとることに何らプレッシャーを感じない
（A：そう思う　B：どちらでもない　C：思わない）

●Aが5個以上
自分のブランドで開業するのがおすすめです！　1～10までこだわり抜いたサロンを徹底して計画し、お客様が満足のいくサロンを開業しましょう。大変なこともありますが、一番やりがいがあり、こだわればこだわるほど、大きな達成感を得ることができます。

●Bが5個以上、またはＡＢＣそれぞれ4個以下
まだはっきり自分がやりたいことが定まっていない状態です。まずは下調べや自分に足りない部分の発見からしていきましょう。

理想の物件や居抜きサロンを見に行って、ここでできるかイメージを膨らませたりして、あなたの理想のサロンを具体化していきましょう。

●Cが5個以上
「自分のこだわりはあまりないが、サロンを開業したい！」という方は、フランチャイズ店舗や居抜き店舗がおすすめです。FCの場合はサロン運営のノウハウは本部から提供してもらい、自分のサロンを開業することができます。

第3章

開業準備スタート！コンセプトに合った物件・内装選び

1 理想の物件の条件を決めよう

物件の条件はさまざま

開業の準備ができてきたら、まずは物件探しからスタートしましょう。

店舗は、どの地域に出すのかをある程度決めておくとスムーズです。最近はネットで物件を見ることができ、「**サロン　テナント　〇〇駅**」などと検索をかけるといくつか物件候補が出てきます。

その物件で美容サロンの運営がOKかどうかが親切に書いてあるサイトもあったりします。

ただし、詳しいことは不動産会社に問い合わせをしたほうが早い場合がほとんどです。また、何のこだわりもなく検索すると、一向に物件が決まらなくなってしまうので注意が必要です。

サロン運営に適している物件の条件としては、さまざまな課題が挙げられます。

- **サロン開業がOKか**
- **駅から徒歩圏内 or 駐車場はあるか**
- **家賃は適正か**
- **坪数が適正か**
- **定期借家か**
- **2階以上はエレベーターがあるか**
- **トイレの位置やつくりはどうか**
- **スケルトンかどうか**
- **窓が最低1つはあるか**
- **外観が古すぎないか**

左ページを参考にしながら、理想の物件を探していきましょう。

当店の場合、サロンが開業OK、都心は駅5分以内、ベッド1台で家賃7万円以下、普通借家契約、坪数12坪（35平米）以上（部屋1つ約3坪）、スケルトンではない、周囲の音がうるさすぎない、水回りにトイレとキッチンがある（フロア別でついている場合は相談）などを最低条件としています。

すべての条件を満たす物件は基本的にないため、ある程度の条件に合えばOKとする柔軟さが大切です。

物件の条件チェックリスト

☑ **サロン開業がOKか**
物件がサロン開業OKでないと後々トラブルになり、規約違反で退去させられることも。

☑ **駅から徒歩圏内or駐車場はあるか**
駅近物件は駅の乗降者数が多いほど駅利用のお客様が多くなるが、周囲の世帯数が多ければ、駅から多少離れていても需要はある。駅から10分以上の場合は駐車場あるほうがベター。

☑ **家賃は適正か**
家賃はコストの15%以下にしていきたいところ。

100万円売上をあげるつもりなら、最高15万円以下、200万円なら30万円以下が目安。

☑ **定期借家か**
不動産の契約には普通借家（ふつうしゃっか）契約と定期借家（ていきしゃっか）契約がある。普通借家は更新ができるタイプの契約で、定期借家は3年契約なら3年で大家さん側から終了できる契約。定期借家でも更新できることもあるので、この場合は定期借家の理由を聞いてみよう。

☑ **坪数が適正か**
自分のサロンがベッド何台を置くのか、椅子を何脚置くのかによって変わってくる。廊下や動線により変動するので、最低ラインの坪数や平米数を把握しておこう。

☑ **2階以上はエレベーターがあるか**
お客様に2階以上を階段で昇らせるというのは、年齢層にもよるが、避けたいところ。

☑ **トイレの位置やつくりはどうか**
マンションタイプだと、トイレとお風呂が一緒になっている物件があるが、お客様のリラックス度が下がってしまうことも。トイレとお風呂は別の物件のほうが無難。

商業施設にはトイレがもともとないことが多い。商業施設のトイレとは別に、サロン内に別途トイレをつくるか否かは、トイレまでの「動線」「近さ」と「費用」で判断する。

☑ **スケルトンかどうか**
スケルトンというのは電気設置や床や壁もなく、コンクリート剥き出しの何もない状態のこと。工事費用が大きくかかることが予測されるので、スケルトンの度合いと予算によって決める。

☑ **窓が最低1つはあるか**
商業施設なら窓がまったくないということがあるが、ほとんどの物件はあるはず。

ただし、地下の物件などは窓がなく、湿気っぽいところもあるので、チェックしておこう。

☑ **外観が古すぎないか**
お客様に安心して来店していただくために、古すぎる外観は少し気が引けるもの。必ず実際に物件を見に行って確認しよう。

2 物件を見に行くときのポイント

●メジャー持参がおすすめ

前項の通り、理想の物件にはさまざまな条件があります。自分のこだわりをメモに書き出してから不動産会社へ行くと良い物件に出会える可能性が高くなります。

実際に物件を見に行くときは、以下のことを聞いておくと判断しやすいです。

- **以前のお店は何だったか**
- **以前のお店は何年借りていたか**
- **以前のお店がなぜ出て行ったのか**
- **周辺の音はうるさくないか**
- **大家さんはどんな人か、今までトラブルはないか**
- **日中や土日に工事可能か（夜間工事だと高くなる）**
- **物件の出入口の開放時間は何時から何時までか**

そして、感覚的に「良い」と判断した物件に関しては、その場で寸法をすべて測りましょう。物件によっては、しっかりした平面図がない場合もあります。寸法を測っておくと、工事業者に頼む前に平面図を起こしたり、内装をイメージしたりするのに役立ちます。

自分で5メートル以上あるメジャー、もしくはレーザー距離計という自動で測ってくれる機械を持参するか、あらかじめ不動産会社にメジャーを持ってきてほしいことを伝えておきましょう。

●居抜き専門の不動産会社も

居抜きのサロンを取り扱っている業者もあります。サロン不動産ネット、ビューティーガレージ（美容商材も扱っている業者）、SALON PRODUCE、居抜き市場など、「美容　サロン　居抜き」で検索すると出てきます。

居抜きサロンのメリットは、あらかじめ物品がそろっている場合が多く、費用が抑えられること。自分の目的に合ったサロンのジャンルであればベターです。

ただし、なぜ、その物件が居抜きとして出されているのかを必ず聞きましょう。「売上がとれなかった」という場合は、その立地について慎重に判断する必要があるかもしれません。

物件探しはもはや「運命」です。いつでも運命の出会いに遭遇できるように、準備を整えておきましょう。

不動産会社に聞きたいことチェックリスト

☑ **前のお店の業種は？**
サービス業だったのか事務所だったのか、この後の質問にも関わってくる。

☑ **前のお店は何年借りていたのか？**
年数が短すぎる（1年未満）なら、その前の業種や年数も聞いてみる。入れ替わりが激しい物件なら、慎重に決める。

☑ **前のお店が出て行った理由は？**
業種が似ているのであれば、その理由によっては慎重に考える必要がある。

☑ **周囲の騒音がある？**
できるだけ雑音は避けたい。物件の上下階に何が入っているかなども確認する。

☑ **今までに大家と借主のトラブルはある？**
大家さんと契約後にトラブルがあるといけないので、事前確認が必要。

☑ **工事はどこまでしていい？**
物件によっては工事の範囲が決まっていることもあるので、確認する。

POINT

あとから知って後悔するより先に聞いて不安を解消しよう！

3 物件を選定するときのポイント

立地の良し悪しは条件しだいで変わる

理想の物件を見極めるポイントは、都内や駅周辺の物件なのか、郊外の物件なのか、周囲の環境はどうなのかで大きく変わります。**店舗、環境、需要と供給の3つのバランス**を見て決めましょう。

・駅から徒歩圏内

同じ徒歩圏内のお客様を集客したい場合でも、周辺の住人をターゲットにするのか、駅を利用する顧客をターゲットにするのかで変わってきます。駅利用のお客様をターゲットにするのであれば、徒歩5分圏内が望ましいでしょう。ただし、同じ徒歩5分圏内でも、その周辺に人があまり歩いていないということであれば、駅利用のお客様は少し利用しにくいかもしれません。また、駅からサロンまでの間に大きな歩道橋や橋などがあると、駅から近くても利用しにくくなります。

逆に、駅から徒歩10分だとしても、駅から店舗までの道のりに人がたくさん歩いていて、買い物もできて、何かのついでに立ち寄れる地域であれば、利用しやすい場所という印象にもなります。

・オフィスビルが立ち並ぶ場所

物件の周辺にオフィスビルが立ち並ぶ場所であれば、そこに勤めている方が利用しやすい立地です。その場合、平日の日中や土日のターゲット層が薄くなりがちです。

・競合店が多い場所

徒歩圏内で駅利用の人が多い立地だとしても、その駅周辺に競合となるサロンが多いとなると、家賃や広告費がとても高くなって争いが激しくなり、小さなサロンは向いていないかもしれません。

・住宅地

住宅街の場合は、その町に競合店が少なく、かつマンションも多く周辺人口が多ければ、リピーターにつながるターゲット層が多いといえるでしょう。逆に、店舗の周辺が一軒家ばかりで駅からも遠く離れている場所は「隠れ家」すぎて、最初の集客は苦戦しがちです。

・郊外

駅から離れていて車が必要であれば駐車場は必須です。

3つのバランスを見て物件を決める

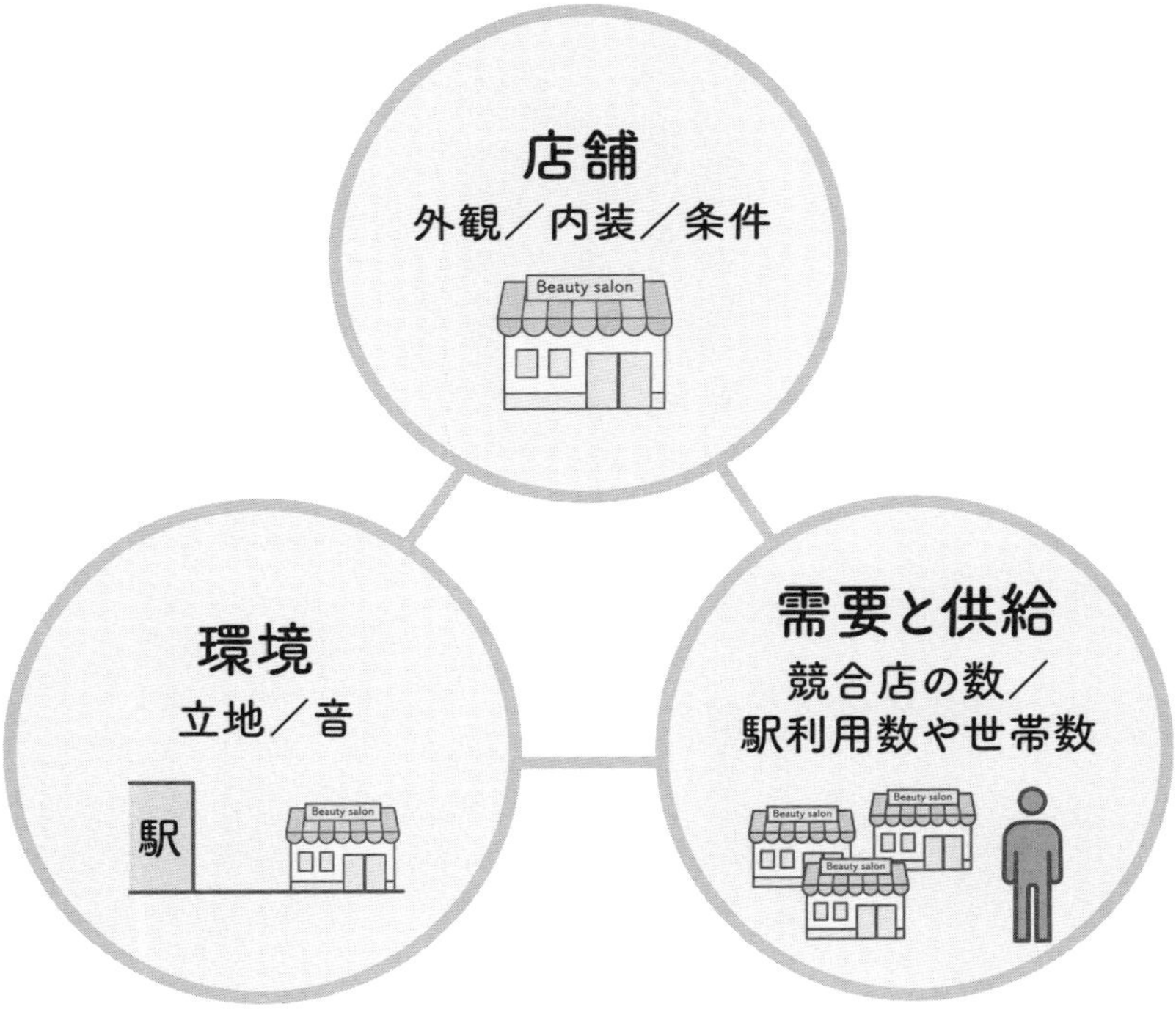

POINT

- **店舗**：本章２項のポイントを忘れずに確認
- **環境**：聞くだけではなく、自分でも実際に確かめて
- **需要と供給**：同業種が周りにどれだけあるか、駅の利用者数等を検索したり、実際に周辺を歩いてリサーチ

4 家賃は規模に合わせて逆算する

●家賃幅を決めよう

物件の家賃をいくらに設定すればいいか、その基準は**自分のサロンがどれだけ売上を上げられるか**です。物件の広さによってお客様数が変わりますし、自分のサロンのジャンルやコンセプトによっても変わってきますが、**家賃相場は売上に対して15%以下の水準**が目安です。

売上は「**平均単価×客数**」で、ざっくり予測ができます。一人サロンの場合で具体的に考えてみましょう。

- **お客様平均90分、単価1万円、最大7・5時間稼働/日**
- **営業時間8時間（12時〜20時）、週6日（月24日）営業、月192時間稼働**

とした場合、毎日最大の売上を上げられれば**7万5000円×24日＝180万円**が月の売上の最大値となります。

といっても、これは週6日営業と90％の稼働率を前提としているので、現実的ではないですよね。そこで、稼働率を50％にして考え、大体その半分の90万円を月の売上としましょう（ここでは物販販売は置いておきます）。

そうすると、この場合の家賃相場は、その15%以下、つまり**90万円×15％（0・15）＝13万5000円**以下となります。もちろん、稼働率や単価、施術時間などによって家賃相場は変わってきますが、一人サロンであれば、大体このくらいの家賃が妥当かと思います。

ここに光熱費や広告費、商材費なども入ってくるので、損益分岐点もそれなりに高くなっていきます。

家賃は変動しない「固定費」なので、慎重に考えましょう。立地が良いからといって、それだけでいきなり大きな金額をかけないようにしましょう。

最初にどのくらいの規模で始めるかで、家賃の幅は変わってきます。一人サロンの場合は、なるべく固定費の家賃は抑えてスタートしましょう。逆に、スタッフを最初から雇うことを決めている場合は、お客様の席が最低2つ以上入る物件がベターです。

当店ではベッド1台7万円前後を基準としています。商業施設に関しては、少し上回っても集客力があれば、広告費だと考えて出店をしています。

タイプ別・家賃のメリット・デメリット

タイプ	メリット	デメリット
小さい規模	●固定費が安くなるので、赤字になったときのダメージが少ない ●集客がしづらい立地になる可能性がある	●サロンのお客様をもっと受け入れたいというときに席やベッドがなく、お断りすることになる ●マックスの売上が大規模のサロンに比べて低いので、その分利益も少ない
中規模から大規模	●お客様をたくさん呼べる席やベッドを用意できる ●売上規模が大きくなるので、その分出る利益も大きい	●固定費が多くなるので、赤字になったときのダメージが大きい

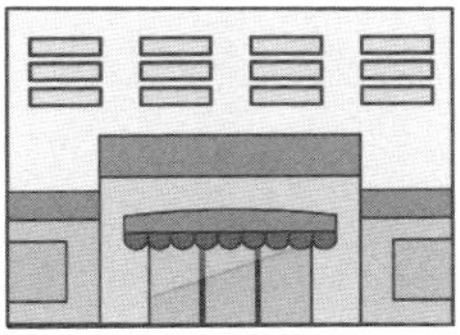

POINT

自分１人が技術者としてサロンを経営していくのか、スタッフを雇用していく予定があるのかなど、スタートの時点で未来を想像してみよう。

5 物件が見つかったあとの流れ

●物件の契約までに必要なこと

運命の物件と出会え、「この物件でサロンを開業したい！」と思っても、それで即契約とはなりません。

・保証人が必要……ほとんどの物件は保証人がいないと借りられません。会社であれば代表が保証人になるパターンが多いですが、個人であれば身内や知人に保証人になってもらわないといけません。保証人がいないとなると、物件の契約ができないことがあります。

・審査に通ることが必要……物件を借りる際に、「申込書」というものを不動産会社に提出します。その際に不動産会社と大家さんが賃借人（物件を借りる人）を審査します。物件にもよりますが、大体2週間かかり、商業施設だと1カ月以上かかることもあります。この審査に落ちてしまうと物件は借りられません。

●家賃交渉はすべき？

書籍などで不動産のことを勉強していると、家賃交渉は行なうべきというアドバイスをたまに見かけますが、私自身は、家賃交渉は必ずすべきとは思いません。無理な家賃交渉をすると、話が決裂してしまうこともあるからです。

私自身の経験でいうと、以前、事務所の物件を申し込んだ際に、自分と同時期に別に借りたい人がいました。こうした場合は大抵、借り手を決めるのは大家さんに権利があり、借り手の業種や内容などを見て判断します。

このとき、私は二番手で物件の申し込みをしたのですが、幸運にも借りることができました。あとから不動産会社から聞いた話によると、どうやら一番手の申し込み者が家賃交渉をしてきたらしいのです。

私はその物件の家賃は適正でむしろ安いと感じたので家賃交渉はしなかったのですが、人気の物件の場合、こうしたことで物件を逃すこともあるのです。

家賃交渉以外にも、**「フリーレント」**といって、借りてから一定の期間無料にしてもらう交渉も行なえます。営業できない工事の期間中など、フリーレントをつけてほしいという交渉は、審査が通ったあとでも可能です。

物件の交渉から契約までの流れ

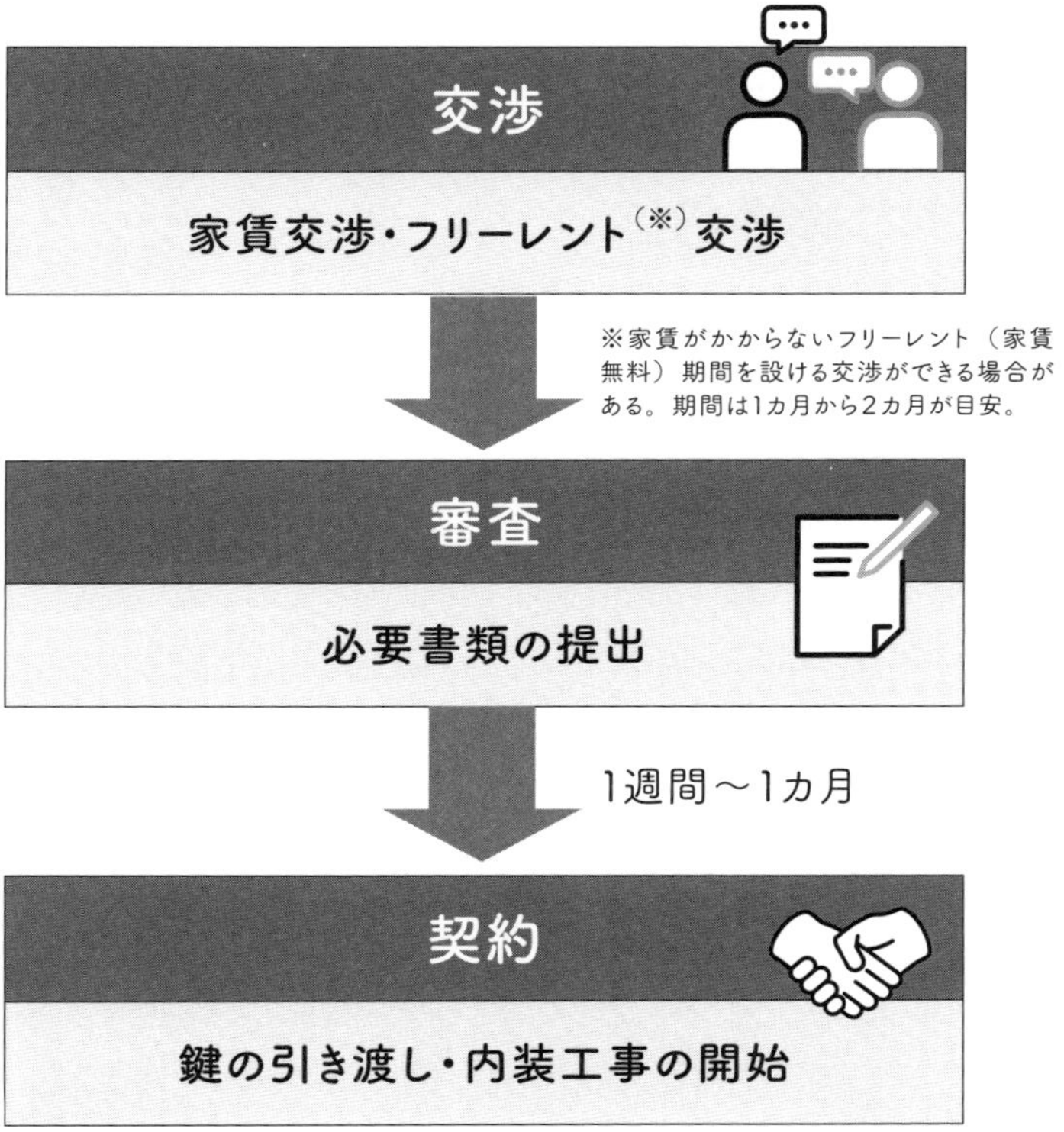

POINT

交渉は慎重に！
人気物件は他にも借り手がいるので、交渉決裂になる場合がある。

6 サロンのイメージが決まる内装インテリア

●インテリアもブランディングのひとつ

物件が決まったら内装を考えます。

自分の理想のサロンが明るい雰囲気なのか、暗めでリラックスできる雰囲気なのか、華やかなのか、落ち着いているのかなど、イメージして決めていきましょう。

インテリアの色味は3色までで統一することをおすすめします。色を多用すると、見た目がうるさくなり、イメージが伝わりにくくなります。例えば、自分は「この家具は、この素材やこの色を使いたい！」と思うものがあれば、そこから派生させて、色味や素材を選んでいくと統一感のある空間になります。

最も注意したいのは、**内装のイメージがサロンのコンセプトとズレないようにする**こと。技術が「タイ古式」なのに、ヨーロピアンな家具でゴージャスな雰囲気の内装だと、お客様にどんなサロンかが伝わりづらくなってしまいます。また、「痩身エステ」を謳《うた》っているのに内装が暗い感じでは、美を求めるお客様とのマッチングが難しくなります。

内装は技術テーマに合ったインテリアにすると、お客様が認知しやすくなり、サロンのブランディングにつながります。技術がそこまで内装に影響しないテーマという場合は、あなた自身が好きな色合いや雰囲気でまとめていくといいでしょう。

私の場合、「ハワイアンリラクゼーションサロン」を開くと決めていたので、理想のハワイのサロンをイメージして内装をつくっていきました。とはいえ、当時はハワイに行ったことがなかったので、ネット検索をしたり、雑貨屋さんでイメージに合うグッズを集めていきました。

色味は茶色、白、ベージュを基調として、部屋によってはグリーンも入れていきました。ソファは白のファブリックが絶対良いと思っていたので、そこから派生させて、家具の色味や素材を選びました。

そのほか、古い引き戸を隠すための竹ののれんカーテンなど、ハワイのイメージに合うナチュラルな素材のインテリアを用意して、空間全体でハワイを感じられるような雰囲気にしていきました。

サロンのコンセプトを表す内装にしよう

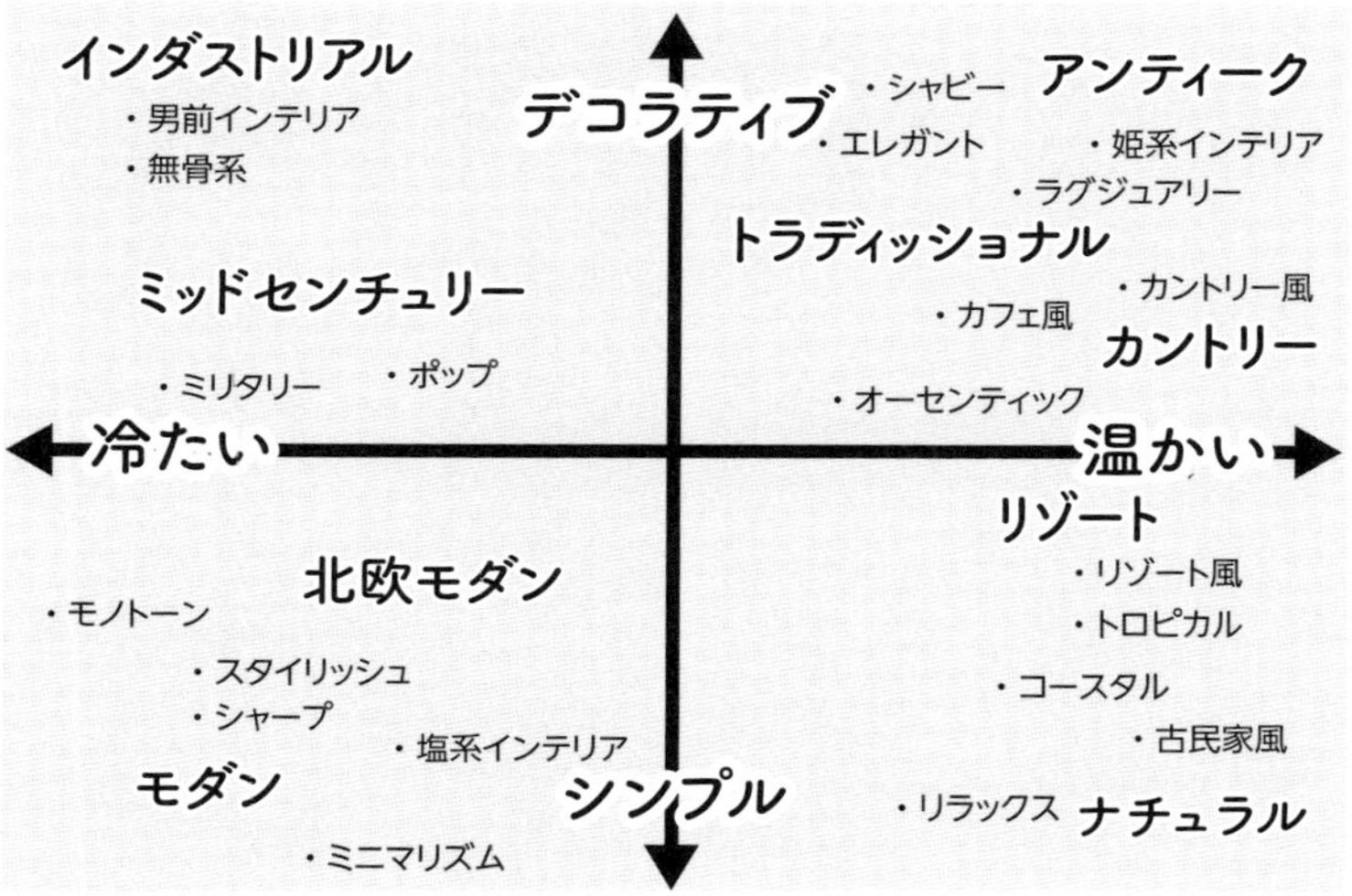

※参照：Life Style Labo「【解説】インテリアスタイルってどんなものがあるの？（雰囲気別編）」
https://www.lifestylelabo.online/entry/2017/11/30/203148

ハワイアンリラクゼーションサロンのコンセプトに合う、五感で癒される
ハワイアンインテリア。
色味はメイン色を1色から2色。多くても全体で3色から5色で統一しよう

7 平面図を決めていく

●平面図＝お客様動線

お客様が出入り口から来店され、施術を受け、お会計をして退出されるまでや、スタッフのバックヤードなどの**「動線」を平面図に落とし込んでいきましょう**。

わざわざ設計してもらおうとなると、かなり高い金額がかかってきます。簡単な平面図であれば、今は「ココナラ」などの個人が安価にサービスを提供しているところもあるので、そういったところで簡単な平面図を頼むというのもひとつの手です。

動線効率の良い間取りは、サロンによって異なります。エステやリラクゼーションサロンで個室にするなら、ベッドの大きさに対して、人が最低限通れるくらいの動線を確保する必要があります。理想は左右上下に50㎝以上空いた状態です。ここにホットキャビや家具を置くとなると、それ以上に必要になる可能性もあります。

当店では200㎝×300㎝の個室をベッド1台置くスペースにしています。

・**受付**……受付は個室数によりますが、個室1つに対して100㎝×100㎝はお客様のスペースがほしいところです。

・**スタッフのバックヤード**……キッチンがあるかないか、商材がどのくらいあるかなどによって大きく変わります。

・**レジ周り**……レジは出入り口の近く、その奥に施術部屋が基本です。マンションタイプで、部屋が分かれているのであれば、そのままの状態で入り口手前の部屋に受付、レジ、奥に施術部屋とします。

マンションタイプでレジ台が置けない場合は、無理に置かず、お金を管理する場所をお客様が見えない位置などに設置しましょう。

・**施術スペース**……施術の椅子やベッドの大きさを大体把握して、それに対して施術スペースをどうするかをイメージしていきます。ゼロから考えようとするとイメージがつきにくいので、実際に自分のサロンと近い施術を行なう他のサロンへ足を運び、どんな動線になっているのかを視察したり、ネットで調べてからイメージを固めていくのがおすすめです。

平面図の例

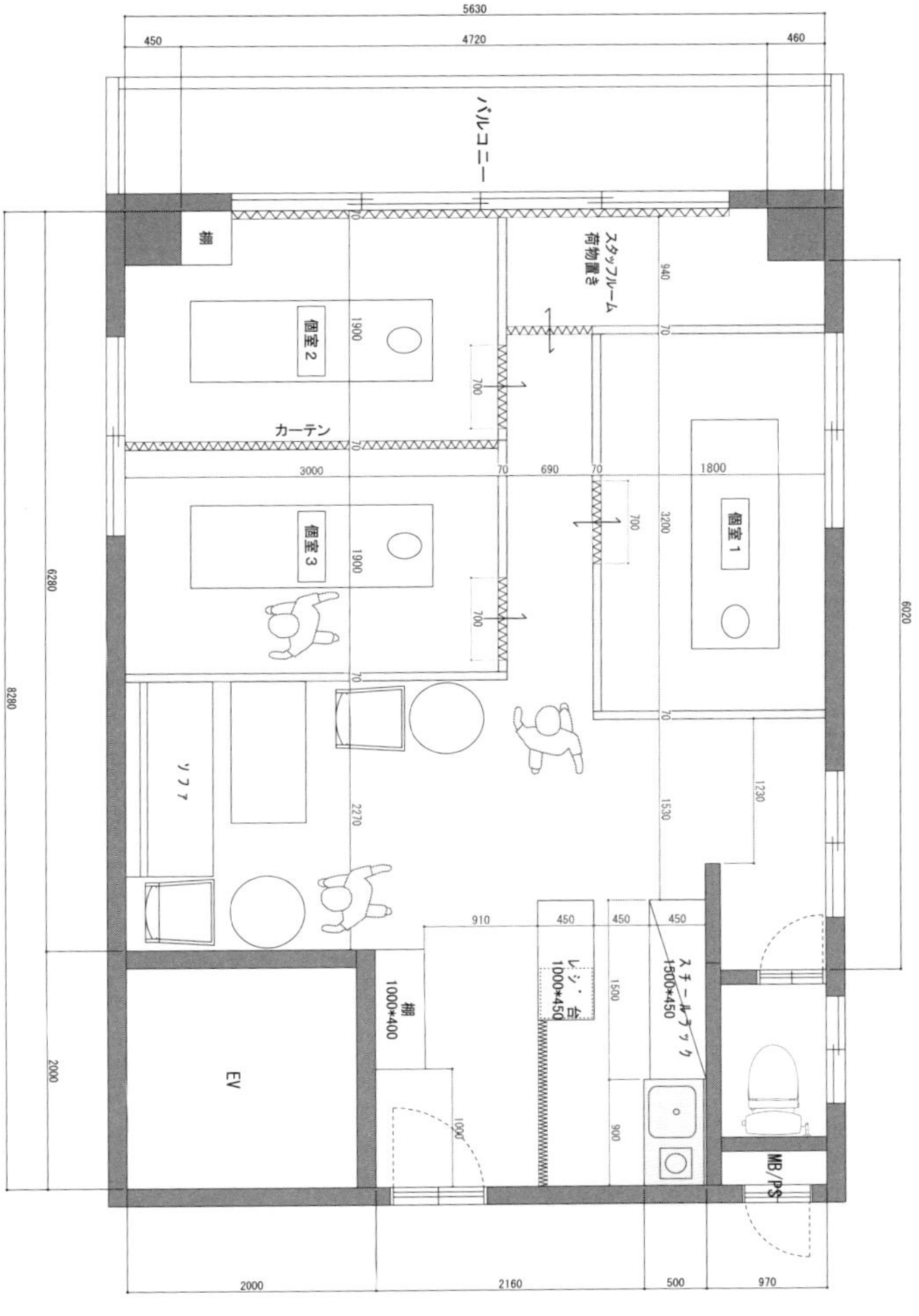

POINT

平面図に人のイラストも入れていくと、より動線がわかりやすくなる。お客様動線とスタッフ動線の両方をチェックして、内装を決めていこう。

8 内装工事のポイント

相性の合う工事会社を見つけよう

平面図が決まったら、そこから工事の見積もり依頼をしていきます。**工事の見積もりは2社以上からとる**ことをおすすめします。金額だけではなく、イメージや動線に合った提案や要望に沿った工事をしてくれるかなど、工事会社との相性もあります。

ネットの場合は「**地域＋内装工事 or リフォーム**」などで検索して、サロンの内装工事を行なえるかどうかを聞いたうえで、見積もりをとります。また、物件を契約した不動産会社に紹介してもらうのも手です。

工事をする際には、照明、コンセント位置、床材、壁紙、天井など、さまざまなことを決めていきます。本項と次項で内装工事のポイントをお伝えしていきます。

・**床材**……当店では、フロアタイルが基本です。住宅に使われるクッションフロアよりも硬いタイル状の床材で、商業施設などでも使われている丈夫でキズに強い素材で、オイルがこぼれても拭き取れ、掃除が簡単です。木目や石目など、豊富なデザインがあるのも魅力です。

カーペットタイルは埃が気になる、オイルが拭き取りにくいというデメリットがありますが、足音が気にならず、疲れにくいのが利点です。

・**壁紙（クロス）**……あまり種類を多くせず、天井と合わせて4種類までにしておくと、まとまった空間になります。家具の色味やカーテンなども考慮して決めると失敗しにくいでしょう。

壁紙も床材も、店舗の規定により防炎（不燃）のみとなる場合があるので確認しましょう。また、床材も壁紙も、サンプルを各会社から取り寄せることができます。

周囲の音が気になる場合は、防音の壁や窓を二重サッシすると防音対策ができます。

・**天井**……エアコンの風が全体に行き渡らない、当たりすぎるといった問題も、開業後のよくある困りごとです。エアコンに風よけカバーを設置したり、電気工事の際に天井にファンをつけるなどの工夫ができます。ファンはおしゃれなものを選べば、インテリアとしても映えますよ。

内装工事の流れ

①「物件の地域＋内装工事 orリフォーム」などで検索

店舗の内装イメージが湧きにくい人は、
「店舗デザイン」をプラスして検索してもOK
（ただし、割高になる）。

②電話 orメールで問い合わせ

サロンの内装工事ができるか、
何を工事でしたいかなどをあらかじめ確認。

③現地調査でイメージを伝えていく

2社以上の見積もりは、同じ日の別時間などに業者さん
を呼ぶと効率が良くなる。
工事の内容の期間とそれぞれの工事の単価などの
詳細が記載されているものをあらかじめ依頼する。

④見積もりが来る

見積もりにかかる時間は工事内容や業者によって違う。
1週間〜1カ月は見ておこう。

⑤工事会社決定〜着工

工事の納期も工事会社によって少し変わる。
あらかじめ工事の時期や納期も確認しておこう。

9 照明で雰囲気アップ

●照明の色味も内装イメージに合わせよう

照明に関しても、失敗したくないひとつです。

リラクゼーションサロンの個室であれば、40~80ワットの照明が1つか2つで十分ですが、ネイルやまつ毛サロン、美容院などは施術時に手元や仕上がりがきちんと見える明るさが必要です。最低でも1つの施術スペースに100ワット以上がおすすめです。

また、照明にも色味があります。リラックスしていただきたい場合は暖色系の電球色、仕上がりをはっきり見たい場合などは昼白色など、サロンのジャンルやコンセプトに合わせて色味も決めていきましょう。

照明位置は、お客様の動線を考えましょう。例えば、寝ている状態のお客様の真上に照明がきてしまうと、お客様はリラックスできませんよね。明るさを調整できる照明にしたり、動線を確認したうえで照明をつける位置を計算するなど、工夫していきましょう。

工事が必要な照明は、主にレールタイプ、シーリングタイプ、埋め込みタイプ、壁付けタイプの4種類です。

・**レールタイプ**……長めのレールを設置して、レールの上の位置なら好きな箇所に照明をつけられるというものです。スポットライトのような形の照明をつけるときによく使われます。

・**シーリングタイプ**……その場所に照明をつけるものです。シャンデリアや、吊り下げ照明などを設置するのに多く使われます。

・**埋め込みタイプ**……その名の通り、照明位置をあらかじめ決めて埋め込んで設置するタイプです。インテリアとして照明を特に目立たせる必要がないということであれば、需要があるタイプです。天井が低い場合でも埋め込み照明は圧迫感がなく、すっきりまとまります。

・**壁付けタイプ**……壁にブランケットライト等をつける形式です。高級感と柔らかさがあり、サロンの個室につけることで上質な雰囲気を演出します。

その他、コンセントでつけるタイプの照明もあります。内装に合う照明で、サロンの雰囲気を魅力的にしていきましょう。

照明もコンセプトに合わせよう

レールタイプ

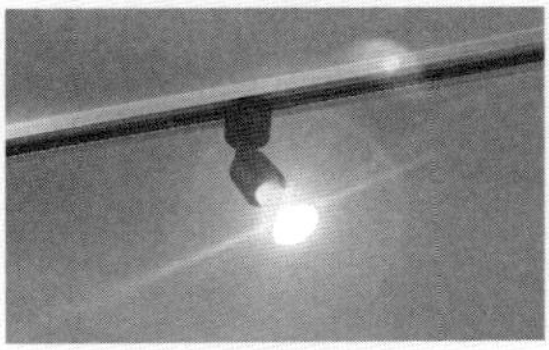

スポットライトなど

シーリングタイプ

ペンダントライトなど

埋め込みタイプ

ダウンライトなど

壁付けタイプ

ブランケットなど

コンセントでつける照明

テーブルスタンド

フロアスタンドライト

壁掛けライト

フロアライト

POINT

- サロンに合った電球色を使う
- 照明はお客様動線で確認
- 使用する照明の種類で工事内容を決める

10 インテリア購入は検索方法がカギ

ネットで理想のインテリアをそろえるコツ

インテリアや備品を購入する方法は、実際に手に取って購入するか、ネットで見て注文するかのどちらかです。私の場合は開業当初から、ネットショップで8割以上のものをそろえました。今は、ネットで検索したほうが種類も豊富で選べます。サロンの専門的な用品も、ネットで購入できる場合もあって便利です。

インテリアは、実際に家具店などへ見に行って、さまざまな素材の手触りや見た目を確認したうえで、ネットで検索して理想のものを購入するという流れでした。

主に利用するネットショップは1つに絞っておくことで、自分が買い物をした履歴が見やすくなり、以後の登録などの手間も省けるのでおすすめです。私の場合、主に楽天市場を利用しています。

ネットの買い物は、検索方法がポイントとなります。例えば椅子だったら、「椅子」以外にも「チェア」というキーワードを試してみるなど、いくつかの名称で検索するようにしましょう。私は特に高価で慎重に購入したいものや重要なものは検索ワードを増やしたり、ネットショップ以外でも、通常のGoogle検索で広くそのカテゴリーを拾えるようにしています。また、近いイメージのものを写真やスクリーンショットで撮って、Googleの画像検索を行なうのもおすすめです。

検索して「これだ」というものに出会ったら、さらに最安値で購入するために検索して、自分の理想のものをお得に手に入れましょう。

どうしても自分の理想のインテリアが見つからないときは、オーダーという手もあります。サロン専売品の業者に頼める場合もありますが、こちらも「〇〇（インテリアのカテゴリー）オーダー」などのキーワードで検索すると、業者が見つかる可能性が高くなります。

お客様から見えない部分は100円均一ショップなどを利用し、お客様が使うものはネット検索を駆使して購入するなど、上手に買いそろえましょう。リサイクルショップやアンティーク家具屋さんでも素敵なものに偶然出会えたりします。

ネットで上手に購入しよう

ネット検索のコツ

- ●1つのキーワードではなく、複数の類語で検索する
- ●色指定がある場合は色もワードに入れる
- ●楽天等のECサイト内で見つからない場合は、Googleから直接検索をかける
- ●同じ商品が複数ある場合、商品名などで検索して最安値を探す

CASE　受付の椅子がほしい！
茶色のアンティーク調の2人がけのソファが理想の場合

茶色　アンティーク　ソファ
ブラウン　アンティーク　ソファ
茶色　ビンテージ　ソファ
ブラウン　ビンテージ　ソファ

POINT

・予算内か確認する　・納期を徹底して確認する
・色味や素材がコンセプトに合うか確認する
・寸法がサロンの設置位置に入るか確認する

11 五感で癒す空間をつくろう

気持ちが良い＝不快を排除したサロン

人は視覚、聴覚、味覚、嗅覚、触覚の五感を使って生きています。お客様はその五感の印象でサロンを評価します。どんなに内装にこだわり、お金をかけて良いインテリアをそろえたとしても、店内やスタッフに清潔感がなく、五感にマイナスの刺激を与えてしまえば悪い評価で終わってしまいます。

人によって汚いと思う範囲は違いますが、サロン運営においては、厳しい目でお客様動線をチェックするくらいがちょうどいいのです。汚いのはあまり気にしないというお客様だけを取り込むのではなく、きれい好きなお客様にも「気持ちが良い！」と思っていただけるような空間を目指しましょう。

以下に、視覚・聴覚・嗅覚・味覚・触覚それぞれに響くサロンづくりのコツをご紹介します。

【視覚】余計なものを見せない

サロンに入った瞬間の第一印象はとても大切です。衛生面とお客様動線からの見え方を意識しましょう。

・**空間**……お客様の動線にコンセントや商材のストック、スタッフの私物や飲食物など余計なものが目に入ると、お客様は一気に冷めてしまいます。

また、床、壁、天井などの汚れや黒ずみも要注意。観葉植物は癒しのアイテムですが、枯れていては逆効果。光触媒の人工観葉植物などで補えます。

・**スタッフ**……ぱっと見の印象で清潔感がないのは大きなマイナスポイントです。髪の毛がボサボサ、衣服から下着が見えている、目やに、鼻毛などにも注意。ノーメイクで眉毛が薄い、手にアクセサリーがたくさんついているのも印象は良くありません。

意外と自分で気づかないのが、接客中に髪の毛を触ること。これは衛生的にも良くなく、不快に感じる人が結構います。長い髪はまとめたり、前髪が気にならないように工夫しましょう。

【聴覚】雑音は徹底して排除する

あまり無音すぎるのも居心地が良くありません。サロンのコンセプトに合う音楽や、波や森林の音などの環境音を流すだけでも癒しの効果があります。

・生活音……施術中、スタッフの足音や荷物をごそごそ触る音、ドアやホットキャビを開け閉めする音は意外と気になるものです。バタバタ歩かず、音が出るような靴を履かないようにしましょう。

床の素材をクッションタイプにする、カーテンレールを静音タイプにするなど、できるだけお客様に余計な音が聞こえないように内装を工夫するのもおすすめです。

・機械音……パソコンのキーボードカバーをする、時計は針の音がしないものを選ぶ、静音タイプの洗濯機にする（あるいは、お客様の施術中には洗濯しない）、電話の着信音は不快感のないメロディーにして、可能な限りボリュームを抑えるなどの対策をします。

・声……スタッフの私語が厳禁なのはもちろんですが、声の大きいお客様もいらっしゃいます。他にお客様がいる場合は、スタッフの声を意識的に小さくしたり、場合によってはお客様に「〇〇様、大変申し訳ありません。ただいま隣にもお客様がいらっしゃいまして、大変恐縮ですが、お声を少し小さくしていただけると助かります」と小声でお伝えします。ＰＯＰで「皆様へのお願いです」と注意書きを置いておくのもひとつの手です。

商業施設など周りの音を制限するのが難しい場合は、お客様用の耳栓を準備しておくといいでしょう。

【嗅覚】　菌を制してアロマを漂わせる

香りは大脳辺縁系を直接刺激して、記憶に残りやすいものです。アロマやサロンで使っているオイルの香りを漂わせることはもちろん、お客様に配る名刺等にも香りをつけると思い出してもらいやすくなります。

・生乾き臭……余計な臭いはすべて排除しましょう。タオルやケープ、おしぼりなどは生乾き臭が気になるアイテムです。「水は腐るもの」という認識が足りないばかりに、この臭いを放置しているサロンは結構あります。タオルなどを洗った際にはしっかり乾かし、使用したときに手が臭わないかチェックしましょう。ケープなどについた水滴はしっかり拭き取ることが大切です。

・芳香剤・洗剤……トイレで使う消臭剤や芳香剤、洗濯用洗剤は無香料のものを選ぶようにしましょう。柔軟剤や芳香剤の香りがダメな人も意外に多いのです。

・口臭……にんにくなど臭いの強いものを食べたときは、りんごジュースを飲む、ブレスケアなどを食べる、マスクをするなど徹底してケアしましょう。

【味覚】出すなら印象が良いものを

・こだわりのお茶やお菓子……お客様にお出しする飲み物は、もちろん水や白湯でもいいですが、そこにちょっとした味覚や嗅覚の刺激があると、お客様に良いサロンへ来たなと満足してもらいやすくなります。

物販で販売しているハーブティーをお出しするというのもひとつの手です。気に入れば、購入してくださいます。

また、クッキーやチョコレートなどがちょっと出るだけでもリッチな気持ちになれます。ハロウィンなどのイベント限定でお菓子をお配りしてもいいですね。

【触覚】お客様が触れるものは安全に

サロン業界はお客様に触ることが仕事です。その触り方は徹底してこだわるべきです。基本的な触り方へのこだわりを強く持つことで、技術の質も上がります。

私がよく研修で指導するのは、お客様の肌に触れるとき、遠慮気味にさわさわと触るのは絶対にNGということです。そういった触れ方をすると、お客様に「プロではないのかな？」とまで思われてしまいます。

・お客様が触れるもの……ベッド、タオル、椅子、スリッパ、お客様用の着替えなど、お客様が触れるものの質にはこだわりたいものです。

とはいえ、予算との兼ね合いもありますよね。大事なのは、「安全で清潔」という最低ラインは絶対に保つことです。

例えば、タオルから糸が出ていて、それがお客様の身体に引っかかったら危険につながるかもしれませんし、視覚・触覚的にも不快です。スリッパや着るものが不潔であれば、お客様が細菌にさらされることになります。

当店では、お客様に触れるものは洗える・拭けるものを優先して選択しています。椅子はファブリックの素材よりも合皮などの素材にして汚れを拭き取れるようにしています。スリッパも、次亜塩素酸が使えるものにして清潔を保つようにしています。スリッパは使い捨てのものにしてもいいですね。

・温度管理……温度はお客様によって感じ方がバラバラで、部屋によってエアコンの効きが違う場合もあります。ケースバイケースで温度調整ができるように、簡易ヒーターやブランケットを準備したり、ベッドや椅子にホットカーペットを設置したりして対策しましょう。

逆に暑い場合は、意識的に水分をとっていただいたり、施術中に足元にタオルをかけないなどの工夫をします。

五感を癒すサロンづくりのマニュアル例

視覚／お客様が見るもの

サロン内とスタッフ、すべてにおいて
きれいを保つことを意識して行なう。

聴覚／お客様が聞こえるもの

心地良い音楽を流し、すべての雑音を排除。
できない場合は、あらかじめイヤホンや耳栓を準備。

嗅覚／お客様が嗅ぐもの

天然のアロマなど、店舗のコンセプト香りで統一。
菌を制して嫌な臭いを排除。香りでごまかすのはＮＧ！

味覚／お客様が口にするもの

お菓子やハーブティーでぜいたくな気持ちに
なっていただく。
コップやお皿を洗う際、汚れ物用のスポンジとは別にする。

触覚／お客様が触れるもの

触れるものすべてに安全と清潔感を保つ。
スタッフの施術はお客様に触れるところから
始まっていることを意識する。

POINT

**非日常空間の提供を徹底！　臭い、汚れなどないか、
常にきれいを保つためにチェックする。**

12 厳選のこだわりアイテム

お客様の五感に関わるものはこだわる

お客様の目に映るもの、触れるものは、やはりこだわりたいですよね。お金をかける必要がない部分にはかけなくていいですが、やはりお客様が見るもの、触るものは見た目や感触を重視して、予算をかけて少し良いものにしたほうが結果的に後悔のないサロンになります。

・ベッドや椅子

お客様が施術を受けるベッドや椅子は、お客様が一番長くいる場所です。私が開業したときは、とりあえずのつもりで1万円のベッドを使用していましたが、1年もするときしみや音がひどくなったり、腕を下ろして施術すると痛かったりして、質がよくありませんでした。

今は1台5万円~6万円のベッドを使用していますが、やはり値段が5倍違うと、ベッドの厚みも違い、きしみが出ることもありません。

一人サロンなら、ベッドはもっと良いものにしてもいいかもしれません。実際に自分が座ってみたり、寝てみて良いと思うもの、かつサロンの内装や寸法に合うものが望ましいでしょう。

当店では、受付台もハワイのオリジナルデザインのオーダー品を購入しました。

・制服

スタッフの制服はお店を統一させる大事なコンセプトのひとつです。当店はハワイアンリラクゼーションを主体とした五感を癒すリゾートサロンがコンセプトなので、ハワイアン柄のパレオの制服を使用しています。これがエステや整体院のような制服だと、リゾート感がなく、コンセプトに欠けてしまいますよね。

Tシャツもオリジナルのもので、色や生地などを厳選しています。色は、肌色をきれいに見せてくれて、汗が目立たず透けにくいイエローベージュ。女性らしいラインが出るパフTシャツで、洗濯しても伸び縮みがなく、毛玉ができにくい生地を選びました。パレオも自由に選べて楽しめます。

こうしたこだわりが、気持ちよくお客様を迎えるサロン全体の雰囲気にも影響していきます。

こだわりの一部をご紹介

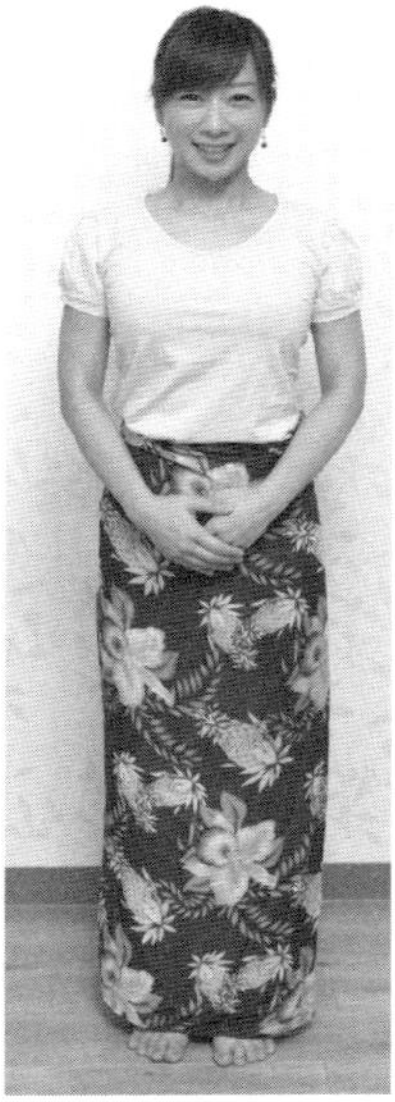

ベッド
- 弾力の高いベッド
- 値段が高すぎず、買い替えやすい
- 高さ調整が可能
- 狭い空間でも、ベッド自体に顔をおさめる穴が空いているので対応できる
- ベッド下に空間があるので収納ができる
- きしみがほとんど出ない

椅子
- 拭き取れる
- 座り心地が良い
- 汚れが目立たない
- 場所をとらない

受付台
- オリジナルのデザインの特注品
- パソコンが極力隠れる
- スタッフの肩から上が見えて安心

制服
- パフTシャツにすることで女性らしさを出す
- 暖色系の透けない色味で、パレオに合わせやすく、肌がきれいに見える

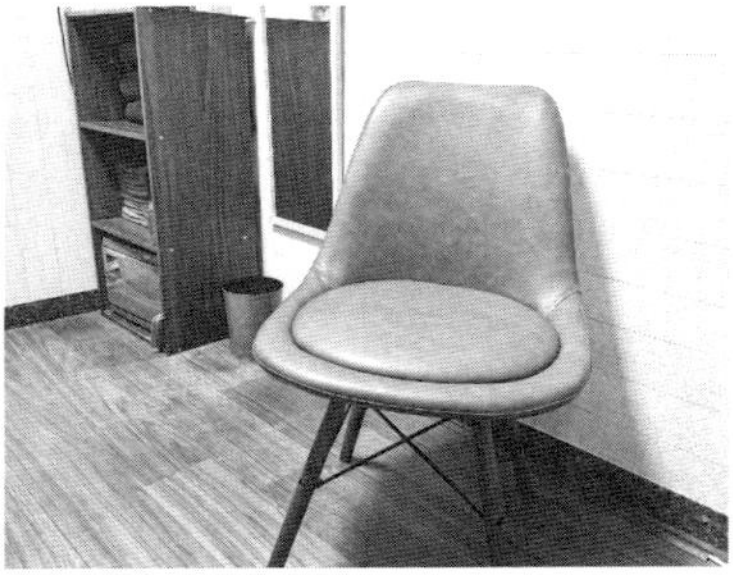

厳選したアイテムは、
お客様に少しずつ
良い印象を与えてくれる

COLUMN ③

予約でいっぱいのサロンのこだわり

以前、私がたまたまホットペッパービューティーを見て予約した美容院は、お客様の予約が１年先まで入っている人気サロン。そのオーナーに話を聞くと、数年前まではスタッフを雇って営業していたが、新型コロナウイルスの影響もあり人に譲渡し、自分一人のサロンをつくったということです。

今は開業して２年目で、１日５、６人を施術していて常にキャパオーバーだがやりがいは感じていて、まだまだ自分の技術の伸びしろを感じているということでした。

「なぜ、このサロンは予約でいっぱいなのかな」「これからもずっと一人で技術者としてお客様を施術していくのかな」と、同じサロン経営者として気になりました。このサロンがうまくいっている理由はいくつもあると思いますが、客観的に見て、次の３つが挙げられると思います。

①以前からの指名のお客様がすでについている
②一人サロンなので、リピーターで予約が埋まる
③その人自身の技術力と魅力

①②は予想がつくと思いますが、③に関しては、美容院でここまでマッサージをしてくれるの？　というくらい、しっかりしたマッサージをしてくれて、もちろんカットもとても上手でした。

おそらく、その方は半端にやりたくないという信念のもと、技術や内装など、自分のサロンのすべてに対するこだわりを持っているように見えました。年配の方でしたが、まだまだ自分の技術に伸びしろを感じられるなんて、ものすごいパワーですよね。

この半端にやらないというこだわりの精神が、予約をいっぱいにしている秘訣なんだな、こだわりのあるサロンとはこのことだなとしみじみ感じさせてくれるサロンでした。

第4章

単価アップを目指す！リピートにつながるメニュー・ルールづくり

1 メニューの決め方

●お客様の需要を満たすメニューをつくろう

サロンメニューを決めるときは、**「何の施術がしたいか」「お客様に喜んでいただける技術か」**をまず考えましょう。サロンが施術を提供するのは「供給」で、お客様が施術を受けて喜ぶのが「需要」です。この供給と需要を把握して、「どこに、何をして、どうなるのか」がわかるシンプルなメニュー名にしていきましょう。

まずは、「何の施術をしたいか（供給）」→「お客様は喜んでいただけるか（需要）」の順番で考えていきます。

例えば「リラクゼーションサロンで全身のアロマトリートメントをやりたい！」という供給に対し、「全身がむくみ、リラックスしたいお客様が来てくれる！」という需要が見込めたら「全身のアロマトリートメント」はメニューにできそう、となります。

そうしたら、次に名称を決めます。**メニューの名称は、施術にどんな特徴があるのか**を反映していきます。

全身のリンパをしっかり流す、珍しいアロマ精油を使うといった特徴があるのならば、**「希少精油のアロマ全身ケア」「全身アロマリンパトリートメント」**など、シンプルで伝わりやすく、メニューの魅力や価値を上げていく名称を考えていきます。

さらに、説明文で補足をしていきます。**「特に足を中心に、溜まったリンパを促進していく」**などです。

ここで需要が見込めないメニューはやめておきましょう。極端な例だと「手の指だけを施術したい」など、こだわりすぎて需要が狭くなると、お客様は来てくれません。こだわりは大事ですが、ある程度需要が見込めるメニューを考えないといけません。

最後に、メニューの所要時間と金額を設定すると、最終的にこんなメニューになります。

【希少精油のアロマ全身ケア】全身のむくみに
日本で流通が少ない希少な精油を2種類使用して、足先から首肩まで施術します。爽やかな香りが全身を包みます。70分：9500円（税込）、100分：1万6500円（税込）、150分：2万2000円（税込）

供給→需要でメニューを決める

供給：何の施術をしたいか
↓
需要：お客様に喜ばれるか

供給

Q どんな施術を行なうのか？
A アロマトリートメント

Q どの部分を行なうのか？
A 足先からデコルテまでの施術

Q 特徴は何なのか？
A 希少なアロマ精油を使って

需要

Q どんな状態のお客様に？
A 全身のむくみやだるさが気になる人に

Q どんな結果が期待できる？
A リラックス、スッキリする

POINT

- メインメニューはわかりやすくシンプルにつくる
- メニュー名、所有時間、値段など基本情報を入れる
- メニュー説明はどのスタッフも説明できるようにしておく

2 メニュー表示の注意点

●結果を書きたいときに気をつけて

民間療法のサロンでは、お客様にわかりやすいからといって、「肩こりが治ります！」や「肌荒れが治っていきます」など、**医療行為と誤解されるような表現はホームページや広告で使えません**。こういった表示は、薬機法（旧薬事法）などの法律にふれる可能性が高く、メニューの名称にしないように注意が必要です。あとからつくり直す手間や費用がかかってしまいますし、場合によっては営業停止処分になることもあります。

何より、サロンの信頼にも関わってくることですので、**「自分の業界名×法律」**などでネット検索するなどしてきちんと調べたうえで、メニューをつくっていきましょう。

●メニューの数と工夫でお客様が選びやすいように

サロンのメニュー表はたくさんありすぎてもお客様は困惑しますし、少なすぎてもお客様が飽きてしまいます。目安としては、メインメニューは10個くらい、サブメニューはプラス10個から20個つくります。

その中でも、**サロンのメインメニューで特に選んでいただきたいものを上位に表示**していきます。ベーシックなリーフレットやチラシ、ホームページに記載する場合は、メインメニューを上位表示して、POPやネット広告の場合は、その時期のおすすめ順や人気ランキングや季節ならではのイベントなどを明記すると、お客様に選んでいただきやすくなります。

●お客様だけがメニューを選ぶのではない

メニューのご案内をする際、お客様主体で選んでいただくのもいいですが、**お客様に悩みを聞いたうえでメニューのご提案をする**のは特におすすめです。

リピーター様に関しては、お客様の状態を把握してお伝えすることで信頼関係も高まります。

メニューの名称で誘導するのはもちろんですが、リピーター様には次回予約などでメニューのご提案をしたうえで来ていただくと、お客様とスタッフ双方にとって良いことしかありません。

「ご自身で選んでもらう＋スタッフのご案内」で、お客様に喜んでいただくメニューづくりをしていきましょう。

おすすめを選んでもらいやすいメニューの例

どんな症状の方に
どんな結果が期待できるか

メニュー名
施術箇所

選んでいただきたいメニューを上にする

所要時間と料金

POINT

- メニューをつくりすぎない。
- 選んでもらいたい順に並べる。
- スタッフが直接ご案内する。
- 広告媒体の場合は、数字を入れると目を引くきっかけに！
（例）「No.1」「12 種類の○○」「30 代の」「体重 60kg 以上の方の」

3 オプションメニューのつくり方

●時間が短いオプション（サブ）メニューをつくる

メインメニューを決めたら、それに追加できるオプションメニューも考案していきましょう。オプションメニューは、お客様が飽きず満足度も上がり、さらに単価を上げる良い方法です。

当店では、「**時間内オプション**」という、各店舗オリジナルのオプションメニューがあります。原価率30％以内、メニュー時間内ででき、美容・癒し関連のメニューならば、仕入れ先や使い方、期待できる効果などを本部に申請して通ると、その店舗オリジナルのオプションメニューとして、お客様にご案内することができます。

ここでポイントなのが「メインメニューの時間内にできる」オプションということです。それだけお客様にとって効果が期待できるオプションメニューなので、時間をかけなくてもお客様には喜んでいただけます。

また、お客様は時間を気にしなくていいので、「今日は時間がなくてオプションができない」ということにはなりません。例えば、原価が高く普段は扱えない高級なアロマや機械を使う毛穴洗浄や、一定の時間を置いておく必要のあるパック等は、その間、他の施術を進められるので効率的なオプションです。

●お試しメニューとして活用できる

オプションメニューの詳細をノートやテキストデータ等にまとめておくことで、どんな効果がある施術を行なっているかを再認識できたり、新しいオプションメニューをつくっても管理できます。

また、「メインメニューにしてみたいけど、需要があるかわからないメニュー」を、まずはお試しとしてサブメニューにしてみてもいいでしょう。クーポンなどでセットメニューにしてもいいと思います。一定期間お試ししてみて、需要があるとわかればメインメニューに格上げできます。

これは、一人サロンだとしても管理しておくと後々便利です。店舗のオリジナルオプションメニューを楽しみながら定期的につくっていきましょう。

オプションメニューはPOPでも見せる

オプションメニューのメリット

・メインメニューではつくりきれなかったメニューを時間内やプラス時間するオプションにすることで、お客様に行ないたい技術を取り入れることでできる
・お客様も飽きずに幅広いメニューを堪能できる
・つけていただくことで単価アップも期待できる
・お試しいただきい物販などもオプションとして追加できる

POINT

●追加で選んでいただきやすいポイント
・クーポンや広告などにメニュー＋オプションを１つにしたものを表示する
・来店時にポップなどでお客様にスタッフから直接ご案内をする

4 営業時間の決め方

●技術者兼任かオーナー専任かで変わる

営業時間には3つのポイントがあります。

①物件自体がその時間に空いているか
②技術者がその時間に待機できるか
③お客様の需要がその時間にあるか

極端な例で説明すると、「営業時間を朝7時から24時にしたい」と考えた場合、この3つのポイントをクリアしているかを検討していきます。

NG①　物件が朝9時から21時で出入口が閉まってしまう
NG②　技術者が滞在できるのは10時から22時まで
NG③　朝方や深夜は人が歩いておらず、お客様が来ない可能性が高い

すべてがNGになってしまいますね。

それでは、営業時間を10時～21時にするとします。すると、①～③の条件はすべてクリアできます。

自分自身が技術者の一人サロンだと「お客様が来るから」と無理に深夜営業をしてみたり、早朝からオープンしたりと、自分の裁量で営業時間外にお客様の要望を受けてしまいがちです。

ですが、そうした深夜営業などの例外をOKとしてしまうとお客様はその時間のリピーターになり、「深夜のお客様」として来店し続けます。すると、決めた営業時間通りの運営ができず、勤務時間が不規則になり自分自身が疲弊してしまいます。

それでもお客様を営業時間外にとっていきたいということであれば、あえて営業時間を決めないという手もあります。自分の裁量で、お客様を自由な時間に施術していく開業スタイルもアリだとは思います。

ただし、これは向き不向きがあると思います。私自身も朝から1人で営業していましたが、深夜希望のお客様を受けたことがありました。リピートしてくださるのはありがたかったのですが、結局、そのお客様にはお断りを入れて元の営業時間に戻しました。

このように無理があると、結果的にその時間に営業できなくなります。営業時間はできるだけ継続的にできる現実的な時間帯を決めるようにしましょう。

営業時間を決めて無理せずサロンを続けよう

9時−24時まで不定休で
休みなくやろう！

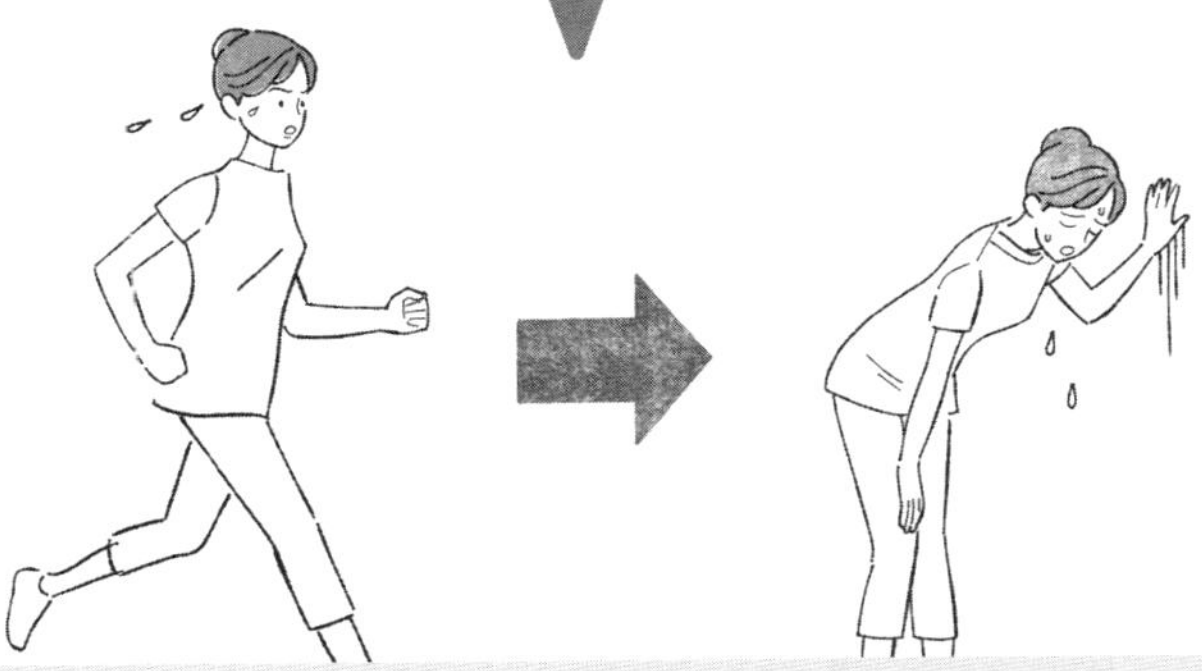

結果疲れて、体調不良等でお店を休むことに

12時−22時まで、火曜・日曜休みでいこう
スタッフが増えたら、10時オープン不定休にしよう

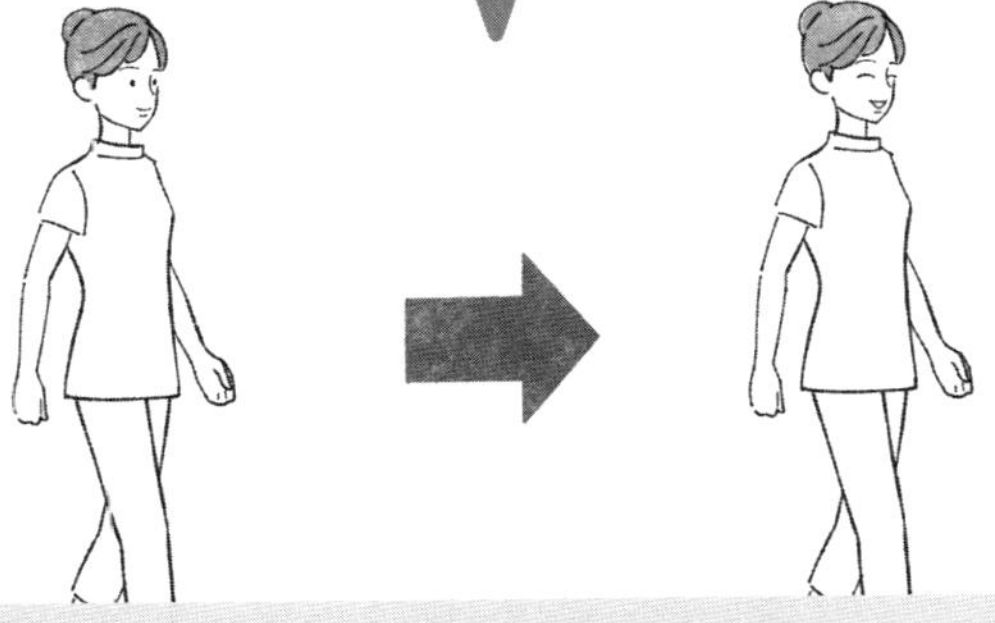

継続的なサロン運営ができる！

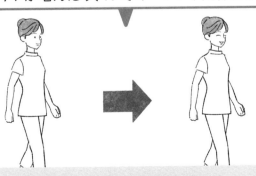

5 お客様ルールの決め方

お客様に対するルールの必要性

お客様に対してルールを決めておかないと、〝なあなあ〟の関係になって、お店のルールを無視したわがままなお客様が増えたりします。また、何か問題が起きてお客様にペナルティを設けた際に、ルールが明確になっていないと「気分」でそうされたのではとお客様は不快に思ってしまいます。

キャンセル料の規定、延長の規定などのお客様向けのルールをつくり、きちんと守るようにしましょう。

・**当日遅刻の規定**……当日の遅刻は、次にお客様が入っていなければ特に問題はありません。ですが、次にお客様が入っていたら、遅刻したお客様のメニューをそのまま行なうのは難しくなります。

遅刻に関しては「10分以上ご来店が遅れた場合は施術時間を短くさせていただきます」などと、あらかじめお客様にわかるようにする必要があります。店内ＰＯＰやホームページなどに明記しましょう。

・**キャンセル規定**……キャンセル規定は設けたほうが無難です。初回のお客様の当日キャンセルは支払いが発生するのか、リピーター様でも当日キャンセルが複数回続いた場合は１００％のキャンセル料をいただくなどの規定を、自分のサロンの環境を見ながら決めましょう。

・**メニューや材料の規定**……お客様によっては、通常のメニューにない手技やリクエストを出してくる場合があります。例えば「プラス料金のヘッドを時間内でやってほしい」といった要望です。お客様の要望をどこまで聞くのかも、ある程度決めておきましょう。また、使用する商材を指定されるお客様がまれにいますが、そうすると物販できる可能性があるものもお客様に提供できなくなってしまいます。この場合は「アレルギーがある場合だけ変更する」といったルールを設けるといいでしょう。

お店のルールはきちんと把握しておけるよう、ノートやパソコンにまとめておくことをおすすめします。そして、ルールを決めたら最低半年は続けましょう。あまりコロコロ変えるとお客様が混乱して、自分自身も何が正しいルールだったかわからなくなってしまいます。

お客様のためにも、サロン運営のためにも必要なルールづくり

ルールがないお店

お客様も技術者も迷い悩んでしまい
イメージ付けもされず、お客様がついてこない

ルールがあるお店

お客様が技術者に誘導されることで
イメージ付けがされ、お客様がついてくる

6 開業後の「やることリスト」

●ルーティンを決めて効率的にこなそう

さあ、いよいよ開業！　その前にプレオープンをして、知り合いに利用してもらいましょう。そして、知り合いには良いところも悪いところも洗いざらい言ってもらいましょう。

オープン前に辛口コメントを言ってもらうことで、改善できることを改善した状態で、お店をオープンすることができます。

また、開業したあと、すぐにお客様がたくさん来てくだされぱいいのですが、現実的にそういったことはなかなか難しいかもしれません。開業後はどれだけお客様のキャンセルを防げて、リピーターになってもらえるかが勝負になってきます。

来てくださったお客様の情報はしっかり書き留めて顧客管理をします。また、キャンセル規定を設けて電話やメールで対応をして、1週間以上先の予約であれば、前日に予約確認をするなど徹底しましょう。

そのほかにも、開業後は、お客様を集めるために行なうことがたくさんあります。以下は1日の流れの例です。

- **オープン準備：掃除、お客様を迎える準備**
- **オープン：予約確認、ブログ等を書く**
- **施術：お客様に素晴らしい接客技術の提供**
- **空いている時間に前日予約確認等の連絡**
- **ハガキやメルマガなどのDMを書く**
- **銀行や買い物なども空いている時間を利用**
- **クローズ作業：売上やおつりの確認等の締め作業**

ただでさえ忙しい開業直後に、施術がたくさん入ったりするとなかなか空いている時間がつくれず、手が回らないこともあります。そんなときは「やることリスト」をつくって、日々のルーティンとしてこなすようにしましょう。

買い物などは極力ネットに頼りオープン前に届くようにする、ブログは時間があるときに書き溜めておき、毎日アップできるようにしておく、メルマガなどはある程度テンプレートにしてお客様専用に書く欄を少なくしておくなど、効率良くできるように工夫しましょう。

開業後のやることリスト ルーティン例

MT＝ミーティング

<table>
<tr><th>日</th><th colspan="2">毎日 Daily</th><th colspan="2">週 Weekly</th><th colspan="2">月 Monthly</th></tr>
<tr><th>役職</th><th>セラピスト</th><th>店長以上</th><th>セラピスト</th><th>店長以上</th><th>セラピスト</th><th>店長以上</th></tr>
<tr><td>1日</td><td colspan="2" rowspan="30">全員の当日の売上目標確認
全員の行動目標確認
HPBサロントップ・
掲載クーポン順更新
当日予約チェック
メール確認（社内システム）
在庫確認
ビラ配り
金銭管理
求人確認
売上報告
SNS確認更新
ブログ１日１回以上UP
顧客管理
技術練習
接客練習
明日の予約チェック</td><td colspan="2" rowspan="8">メルマガ送信
月の予約チェック
広告確認</td><td colspan="2" rowspan="2">月初ミーティング
キャンペーン確認</td></tr>
<tr><td>2日</td></tr>
<tr><td>3日</td><td colspan="2" rowspan="2"></td></tr>
<tr><td>4日</td></tr>
<tr><td>5日</td><td colspan="2" rowspan="2">発注５日まで（店長）
本部は３カ月に一度
月額、プレミアムチケット消化、カタログギフト等の会計報告５日までに郵送</td></tr>
<tr><td>6日</td></tr>
<tr><td>7日</td><td colspan="2" rowspan="2"></td></tr>
<tr><td>8日</td></tr>
<tr><td>9日</td><td colspan="2" rowspan="7">広告の把握
15日棚卸し</td><td colspan="2" rowspan="2">シフト10日までに提出
シフト作成（店長）
MT日時も作成（店長）</td></tr>
<tr><td>10日</td></tr>
<tr><td>11日</td><td colspan="2" rowspan="2"></td></tr>
<tr><td>12日</td></tr>
<tr><td>13日</td><td colspan="2" rowspan="2"></td></tr>
<tr><td>14日</td></tr>
<tr><td>15日</td><td colspan="2" rowspan="2">シフト決定（店長）
MT日時も告知（店長）</td></tr>
<tr><td>16日</td><td colspan="2" rowspan="8">フォトギャラリーのUP
中間MT （店長）
広告確認</td></tr>
<tr><td>17日</td><td colspan="2" rowspan="2"></td></tr>
<tr><td>18日</td></tr>
<tr><td>19日</td><td colspan="2" rowspan="2">シフト設定20日まで（店長）
シフトとMT日時全員把握
予約システムにシフト反映</td></tr>
<tr><td>20日</td></tr>
<tr><td>21日</td><td colspan="2"></td></tr>
<tr><td>22日</td><td colspan="2" rowspan="2">翌月キャンペーン案
POP作成</td></tr>
<tr><td>23日</td></tr>
<tr><td>24日</td><td colspan="2" rowspan="7">月末棚卸し
第４木曜にHPB翌月切替り
特集のクーポン紐付け確認</td><td colspan="2" rowspan="3">告知作業（月末）・HPのお知らせとブログ・HPBのブログ・SNS告知/DMでの配信</td></tr>
<tr><td>25日</td></tr>
<tr><td>26日</td></tr>
<tr><td>27日</td><td colspan="2" rowspan="4">棚卸し月末（店長）
売上集計（店長）
※その他店舗によって行なうことが変わる場合がある。</td></tr>
<tr><td>28日</td></tr>
<tr><td>29日</td></tr>
<tr><td>30日</td></tr>
</table>

COLUMN ④

サロンの掃除で大事なこと

サロンを清潔に保つことは、お客様にとっても施術する側にとっても良いことです。ポイントは「掃除をすることで安全になる」という意識を持つこと。知識がまったくないまま掃除をすると、それが原因となり、ダニやカビが発生し、感染症やアレルギーのリスクが高まります。

例えば、布製品の掃除をしないと菌やダニが発生し、臭いのもとにもなります。部屋の角のホコリを掃除しないと漏電の危険性やハウスダストの原因に。特に日本は湿気大国なので、湿度対策をしていないと自然素材のものにカビが発生し、カビの胞子が舞う空間になってしまいます。掃除を怠ると気の流れが悪くなるともいわれますが、実際に目に見えないものを吸い込み、身体に害が出るので、本当に悪いことばかりです。

・トイレ掃除は「順番」が大事

毎日、絶対に掃除したいところは、お客様が触れる・使う場所です。便座の周り→便座と床以外の掃除→床掃除の順番で、なるべく上のほうから行なうのがおすすめです。床と便器以外の掃除は、専用の雑巾で、トイレに入ってから出るまでの動線上の手で触る場所すべてを拭きます。

・掃除をするときは「角」を見る

すきま時間があるときなどに、とにかく「角」を見て掃除をします。この「角」というのは、周辺のものをどかした状態を指します。掃除機をかけるにしても、ものをまったくどかさずに行なえば、その周辺のホコリはきれいに吸い込まれません。

・3回に1回は「裏」を見てみる

お客様の目に入る場所をきれいに保つのは当然ですが、見えない「裏」にカビやホコリがついていないか、チェックしましょう。水回りにはピンクカビが、自然素材のものには黒カビが発生しやすいです。カビやホコリを発見したら、そこが汚れやすいという認識を持ち、掃除はもちろん、発生させないように根本的な対策を心がけましょう。床の黒カビは「激落ちくん」などのメラミンスポンジで結構とれますよ。

第5章

ご新規様からリピーターまでお客様にどんどん出会える集客方法

1 まずは知ってもらうことが一番

●本当の隠れ家にならないように

いわゆる「隠れ家サロン」は、本当の意味では隠れていません。隠れ家サロンといっても、お客様に知ってもらわないと足を運んでもらえませんよね。

どんなサロンでも、**まずは「知ってもらう」ことから**。すでに現在お客様がたくさんついているという人でも、あなたが、いつ、どこで、どんなふうに開業をしたのかをお客様にお知らせしないと、利用してもらえることはありません。お客様にあなたのサロンを知ってもらう手段をたくさんつくりましょう。

●「お客様は知らない」ということを知ろう

まずは「お客様はあなたのサロンのことを知らない」ということを知っておく必要があります。例えば、「一度、この地域でチラシをまいたから、もういいや」なんて思っている人は「お客様は知らない」ということを理解していない人です。たった1回チラシを見ただけで、覚えている人はほとんどいません。それどころか、ひと目も見ないで捨てられている可能性だってあります。

チラシの効果は約0・1％、人は3回見て認識して、7回見て手に取るといわれています。1000人に配って1名来るという計算です。7回見てやっと来てくださる方もいる、もしくはそれでも来ない可能性だってあります。お客様に知ってもらうのは、お客様に覚えてもらうこと。**「周知活動」は何度でもしていい**のです。

私たちの周りの商品を見てください。化粧品、飲料水、店舗など大手であっても、何度も同じCMを打ち続け、お客様に周知し、認知してもらっています。もちろん、あなたのサロンがリピーターでいっぱいでお客様の離脱もなく、新規顧客は不要であれば話は別ですが、新規顧客なしにリピーターはつくれません。特に開業時は、何度でも周知していきましょう。

自慢の技術があるから口コミで勝手に広まる！　なんて思っていたら大間違いです。どんなサロンでもお客様に知ってもらうための周知活動をしているからこそ、ご来店があるのです。

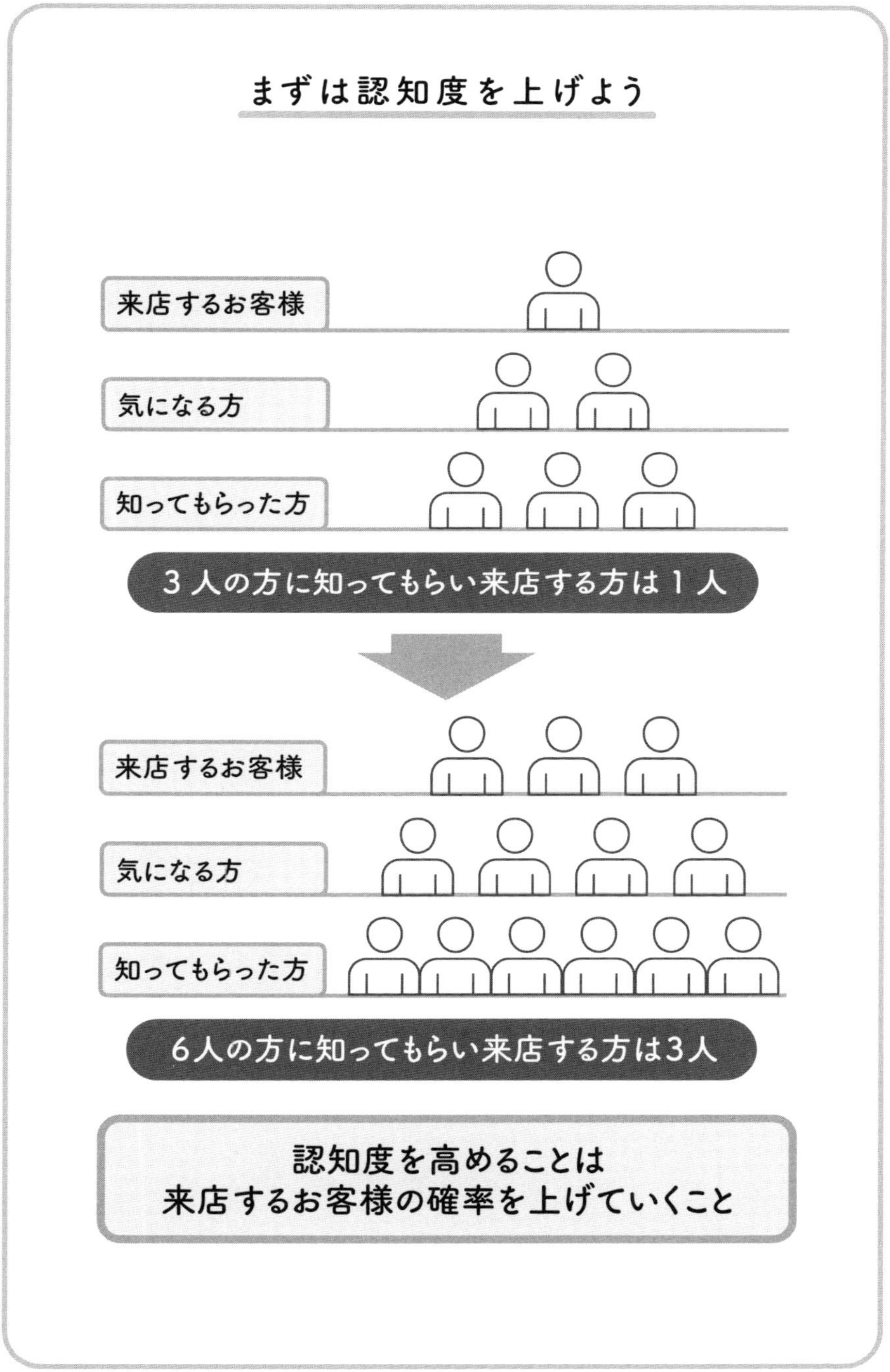
まずは認知度を上げよう
来店するお客様
気になる方
知ってもらった方
３人の方に知ってもらい来店する方は１人
来店するお客様
気になる方
知ってもらった方
6人の方に知ってもらい来店する方は3人
認知度を高めることは
来店するお客様の確率を上げていくこと

2 ホームページはいらない時代

●ホームページ代わりに活用できるツール

いざ開業となると、まずはホームページをつくらないと、と意気込む気持ちはわかりますが、今はＳＮＳを活用すれば、お金をかけなくても「ホームページのようなもの」をつくれてしまう時代です。

私自身、これまでホームページの制作会社とは５社ほどと契約をしてきました。安いところで10万円、高いところで１００万円以上かかりました。店舗数があればもちろんホームページは必要ですが、１サロンであれば、予算としては10万円くらいです。

開業時には、「**ランディングページ**」という１ページ完結型のホームページをつくる方法もおすすめです。化粧品やサプリの通販サイトでは商品ごとにランディングページがあって、購入ボタンが随所にあり購買に結びつけています。

サロンでも、１つのページでサロンを紹介して、予約につなげる工夫をするのです。それなら、予算10万円でつくれます。「ココナラ」という個人に制作を頼めるサイトを利用するのもおすすめです。

●ランディングページ＋ＳＮＳで集客しよう

現在は、ホームページでお客様をたくさん呼び込むというのは、かなり無理があります。

以前は、予算をかけてネット検索でホームページを上位に表示させる「ＳＥＯ対策」という手法がネット集客の主流のひとつでした。しかし、私の経験としては、あまり効果的ではないと感じています。ＳＥＯ対策は時代によって規約や手法などが変わり、継続して効果を出すのが難しいからです。どちらかといえば、今はGoogleマップを上位に表示させるＭＥＯ対策のほうが主流です。

そもそも、ホームページが検索で上位にきても、お客様が来店してくださるかどうかはわかりません。それであれば、ランディングページをホームページ代わりに設けて、ＳＮＳで発信しながら予約を促進していったほうが、お客様に来てもらえる確率は高くなります。なお、ランディングページでなくとも他の広告を出すことでホームページの代わりになったりもします。

ホームページ代わりのランディングページの例

・広告として使用できる
・ダメならつくり替えも可能

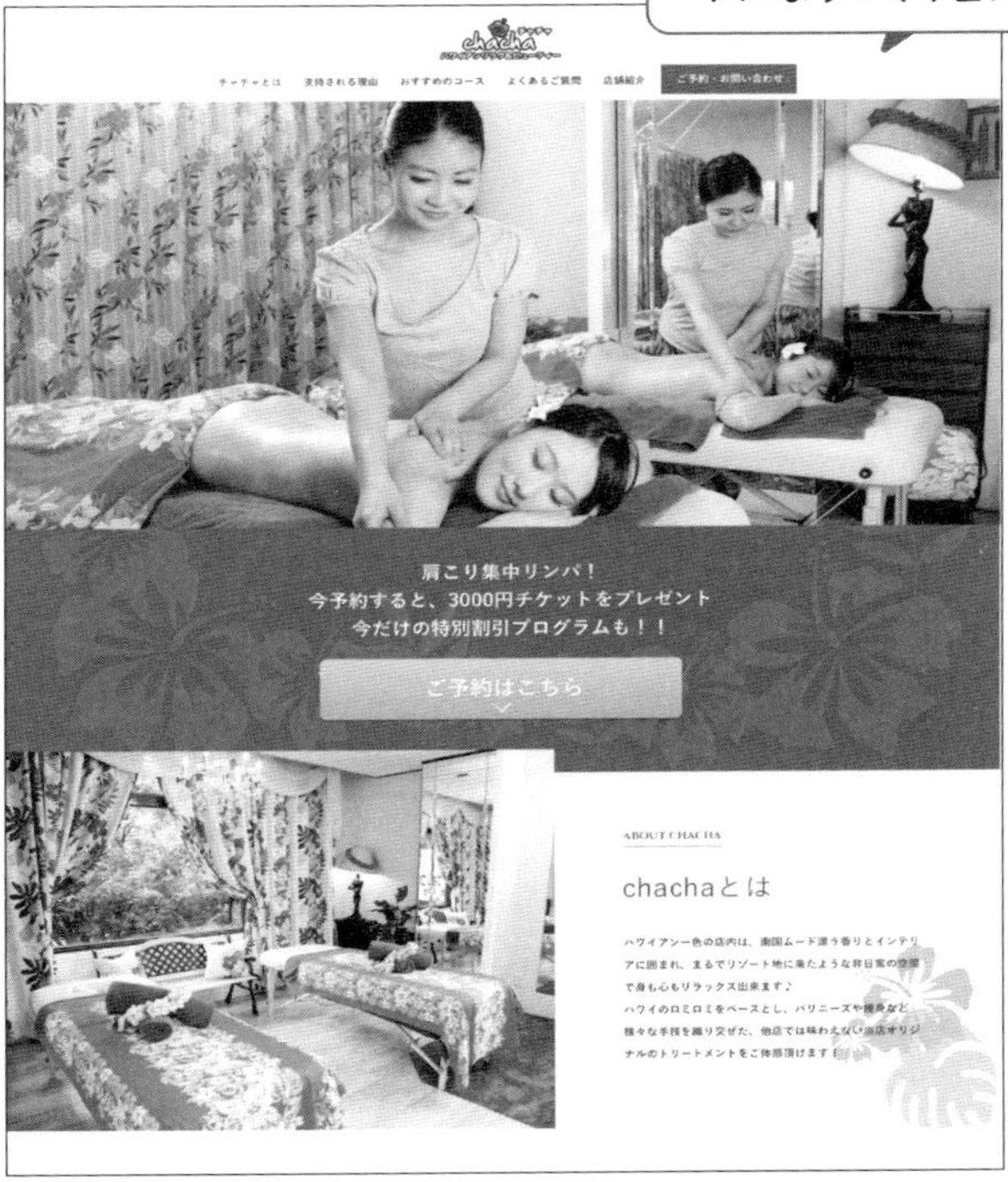

※実際はこの５倍くらい長いページをつくる

POINT

- 立派なホームページをつくっても、集客効果のもとはなかなかとれず、５年後には古くなっている可能性も。
  ホームページづくりは、できるだけお金をかけないように工夫しよう。
- リース契約をしてしまうと、その会社に縛られて、他社でホームページがつくれなくなるので要注意。

3 SNSやブログの発信のコツ

●無料の集客ツールを活用しない手はない

今、無料のSNSツールにはたくさん活用できるものがあります。Instagram、Facebook、アメブロ、LINE、YouTube、X（旧ツイッター）等の無料で発信できるツールは、集客につながるひとつの広告になります。

ツールにはそれぞれ特徴があります。静止画像なのか動画なのか。文字数に制限があるのか、長文を載せられるのか。新規集客に向いているのか、リピーターに向いているのか。各ツールの特徴を把握せず、テーマや発信方法を意識せず発信しても、お客様にはなかなか響きにくいものです。

例えば、Instagram は画像で魅せることに向いています。画像でお店の雰囲気やイメージを伝えやすく、動画（リール）でお店のPRにつながることを発信するのです。一方、LINE公式アカウントは基本的にリピーター向けのツールで、キャンペーンや新メニューのお知らせを発信していきます（頻度が高すぎると、ブロックされてしまうので要注意）。

SNSでは、何を発信すればお客様に刺さり、集客ができるかも重要ですが、それよりも大事なのは、**発信し続ける**ことです。サロンのブランドイメージにつながる内容を常に発信し続け、認知につなげましょう。

集客のためには、毎日アップしたほうが効果的です。とはいえ、開業後、順調に予約が入り施術で忙しいとなると、なかなか発信し続けることは難しいかもしれません。そんなときは**暇な時間に「書き溜めておく」**ことをおすすめします。下書きをスマホのメモなどに書いておいたり、SNSの投稿予約機能を使ったりして、あとはアップするだけの状態にしておくのです。

例えば「施術の詳しい内容の紹介」など大きなテーマを決めてから、その大枠のテーマから施術一つひとつに細分化していきます。さらに部位ごとの施術などに細かくしていって、それぞれのテーマを文章にしていきます。大枠のテーマから細分化していけば、ネタに困ることなく発信し続けられます。ブログもSNS同様、書き溜めておき、毎日アップするのがおすすめです。

暇な時間は、毎日の業務を繰り上げするチャンス

POINT

・暇な時間に発信内容を書き溜める
・お知らせ、ブログ、キャンペーンなどカテゴリー別につくっておくと便利
・発信場所の特性に合わせて、文章を短くしたり、写真や動画をメインにしたりする

4 サロンの広告の基本

●サロンのイメージに合った広告にする

今は、さまざまな広告方法があります。チラシやDM、SNS、ライン公式アカウント、ホームページ、SEOやMEO対策（検索サイトや地図アプリでの上位表示施策）、ホットペッパービューティー等のプラットホームなど、数え切れないほどです。

広告とは、お店のイメージを確立させてお客様に来店してもらうきっかけをつくる、ブランディングに重要な「周知活動」のひとつです。

現代人は、江戸時代の人の1年分の情報量を1日で獲得しているといわれています。毎日さまざまな情報があふれる中で、広告は、**イメージを統一して、何度も周知していかなければ認知してもらえません**。広告はネットのイメージが強いと思いますが、チラシやメニュー表などの印刷物も広告のひとつと考えてください。

●広告のつくり方の基本

広告を出すときは、文字、写真、動画等でサロンの魅力を伝えるわけですが、基本的に**色味を統一する**ようにしましょう。寒色系なのか暖色系なのか、コントラストは強めなのか弱めなのか、などです。

電球色の下で撮ったような温かみのある色味なのか、肌色がはっきり見えるフラットな色味なのか、青みが少し入った明るく爽やかな色味にするのか。写真の色味の統一は、お客様のサロンへの第一印象に影響します。自分のサロンのイメージやブランドについて、どんな色味や明るさで統一するのかを決めておきましょう。

文字に関しても、統一できることが多数あります。例えば、**料金表の円表示**。これを「¥」表示にするのか、「円」表示にするのか。お金の表示を「10,000円」にするのか、「1万円」にするのか。また、メニューの効果を最初に持ってくるのか、最後に持ってくるのか。メニューの説明を施術の順序から書くのか、内容の説明から書くのか。さまざまな箇所で統一感に注意しましょう。

これがバラバラだと、お客様にとって見にくい広告になってしまいます。きれいに統一することによって、お客様により伝わりやすい広告になるのです。

サロン広告の種類

	紙媒体 or 体験	ネット媒体
無料広告 ・基本的に掲載は無料 ・ボリュームしだいで別料金がかかる場合も	知人紹介、 口コミ、取材 etc.	無料SNS（インスタ等）、メルマガ、公式LINE、Google マイビジネス etc.
単発型 ・単発で料金がかかる	チラシ、看板、 メニュー表、ポップ、 ハガキ、イベント etc.	ホームページ、 ランディングページ、 ポイントカード etc.
一定料金性 ・月、年間で一定の料金がかかる ・効果がなくてもあっても料金がかかる	看板、 カタログ掲載 etc.	ホットペッパービューティー、有料SNS広告（インスタ広告等） etc.
成果報酬型 ・成果により料金が発生 例）1件に付き1,000円 料金に対して20%等	ブロガー、 業務提携 etc.	オークションサイト、 激安クーポンサイト etc.
成果報酬＋一定料金性	業務提携、ブロガー 紹介会社 etc.	E PARK、楽天ビューティ etc.

POINT

今はさまざまな広告があり、広告効果も分散されている。それぞれの広告でサロンのコンセプトがズレないように発信をし続けよう。

5 お客様に刺さる文章・写真のコツ

●具体性、数字、口コミ、感情などを入れる

広告はもちろん、SNS等で発信するときに文章はとても大事なポイントです。お客様にサロンを知ってもらうためには、よりわかりやすく伝わるように文言を工夫していきましょう。

・自分という人間をアピールする……なぜ、このサロンを開業しようと思ったのか、こんな理由があるなど、お客様への想いを綴《つづ》ります。また、趣味などプライベートなことを書くと親近感や共感につながり、サロンを知ってもらうきっかけになります。

・お店のメニューを具体的にアピール……メニュー表で説明しきれていない具体的な技術や成分をより深く説明することで、お客様に納得と信頼を持ってもらえます。

・お客様からの口コミを載せる……効果をはっきり謳《うた》えない分、お客様の口コミは大変有効です。例えば、「肩こりがラクになり、むくみも改善されました！」という効果を広告にそのまま記載するとNGですが、実際のお客様の口コミを紹介することは可能です。お客様の口コミは、初めてサロンに訪れる人の不安を取り除く安心材料のひとつにもなります。

・数字を入れる……「○種類の」「○代の」「○人の」などサロンに関する数字を入れると客観的で具体的にイメージしやすくなり、広告としても目を引きます。

・感情を表現する……「なんと！」「それはもう！」「すごい！」など、感情がこもった言葉があると目を引きやすく、共感してもらいやすくなります。

●写真のひと工夫で伝わりやすさアップ！

写真もお客様に刺さる広告に欠かせないものです。写真はトリミング機能を使って、縦横比を変えずにサイズを整えましょう。広告枠に合わせようとして安易に引き伸ばすと、縦長になってしまったり不自然な画像になりがちです。

また、暗すぎたり、コントラストが強すぎる写真や動画も見にくいので避けましょう。ただし、サロンの落ち着いた雰囲気を伝えるなど明確なコンセプトがあり、きれいなライティングで撮影する場合はOKです。

お客様に刺さる広告のポイント

スタッフ	プロフィール、施術やお客様に対しての想い（→第５章６項参照）
具体性	メニューや商品の深掘り、成分や内容をより分解して説明
口コミ	お客様からの実際の口コミを抜粋して、どんなメニューでどんな口コミをいただいたかなどを深掘り
数字	メニュー数、施術分数、口コミの数、向いている年齢、ビフォーアフターの数字などを入れる
感情	喜怒哀楽の感情的表現をプラスアルファで入れる
写真	色味の統一、暗すぎずイメージの伝わりやすさを重視する

写真のコントラストに注意

○
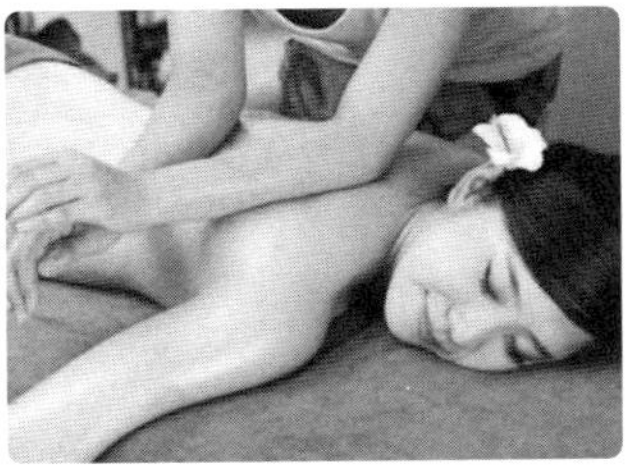

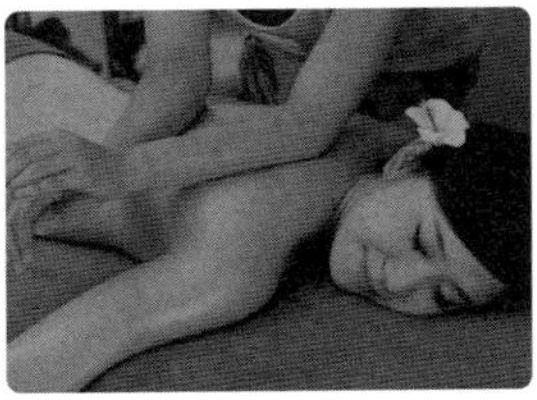

✕ 写真が暗い

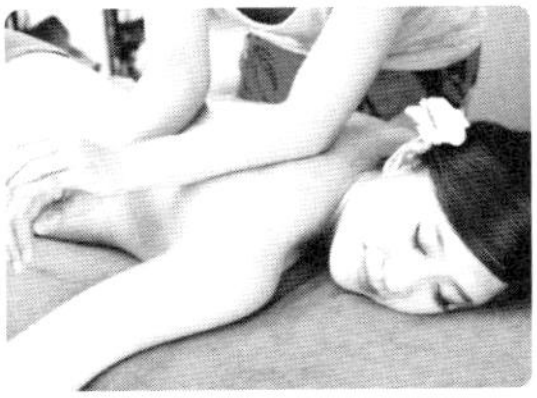

✕ コントラストが強すぎる

6 自己アピールを広告に活用する

自分のアピールを躊躇しない

前項で広告で目を引く要素のひとつとして、自分という人間をアピールすることをおすすめしました。特に一人サロンの場合は、**自分の技術や自分自身がブランディングにもなります**。お客様に直接施術する技術者自身のプロフィールや想いは、お客様にとって重要な情報です。どんな人にやってもらえるのかをイメージできたほうが、お客様も安心してそのお店に足を運べます。

よく「恥ずかしいから」「他の人に知られたら、気まずいから」といって、自分のアピールを躊躇する人がいます。ですが、この情報社会の中、よほどの理由がない限り少し露出したところで覚えてもらえることなどありません。テレビに出ている芸能人でさえ、ファンでない限り顔と名前がうろ覚えということはよくあることです。

今の仕事に誇りを持っているのなら、しっかり自分をPRしていきましょう。

自分とサロンのこだわりを棚卸ししてみよう

自己アピールは、なぜ、この仕事に就こうと思ったのか、自分のこだわりやお客様に対する想いなどをストーリーとともにSNSやブログで発信していきます。例えば、こんな感じです。

「**自分が行ったさまざまなサロンで良いも悪いも体験してきて、自分の理想のサロンをつくりたい想いが高まり、オープンしました。趣味はインテリアで、〇〇の椅子など、こだわりでいっぱいのサロンです**」

自分の趣味や没頭しているものを細かく書いていくと、同じ趣味のお客様に出会えたりもします。

サロンのこだわりや自分だけが行なえる技術を棚卸しして整理し、具体的な言葉にしていくと、サロンの特長がより深く伝わり、お客様にもその技術を受けたいと思っていただきやすくなります。

広告では、自己アピール（こだわり、強み）を惜しみなく出して、お客様により理解してもらえるサロンづくりをしていきましょう。また、スタッフがいるのであれば、スタッフ全員で共通意識を持って取り組むことが効果的です。

広告にも活用できる自己アピールの例

〈施術者のプロフィール〉

森　優（mori yuu）

100カ所以上のサロンの施術体験をし、10,000人以上の施術を行なってきました。自分のサロンで「お客様に最高の癒しを届けたい」という想いが高まり、開業しました。心身ともに日常から解放された「癒しの時間」を提供いたします。

アロマとロミロミとリンパを合わせた当店オリジナルの技術で、深層のリンパやインナーマッスルにアプローチしていきます。
頭から顔、足先まですべてをもみ流していくことで、凝り固まった身体を溶けるように柔らかくしていきます。

趣味は旅行とアニメを見ることです。最近は、日本の温泉にハマっています。
アメリカンアンティークインテリアを見るのも好きで、ショップなどを見つけては立ち寄り、物色しています。
いろいろ趣味はあるのですが、収集癖があるので気をつけています（^^;）

POINT

- 自己アピールはネット媒体でも紙媒体でも、うまく活用しよう！
- 写真は正面と施術写真の両方あるのがベスト

7 広告費用はどのくらいかければいい？

広告予算をジャッジするときの指標

広告は、集客するための重要な対策のひとつです。当店では、ご新規1名の集客に対して1万円までの広告予算をかけるという指標を設けています。10万円かけたら、10名のご新規様に来ていただかないと費用対効果として合わないということです。

お客様の単価が1万円であれば、相殺して「無料」でも来ていただくという考えです。1000円で1名ならかなり安く、平均で5000円を支払い、ご新規様に来ていただくという指標です。

ご新規様に10名来ていただくとなると、広告予算は最大10万円かけられます。1万円で10名来ていただけたら、広告としては1名のご新規様に対して1000円しかかかっていないので素晴らしい結果です。10万円かければ、100名のご新規様に来店してもらえる可能性がある広告ということです。

広告費用の出し方は、広告会社に費用対効果を聞いてジャッジしていきます。広告会社との打ち合わせを重ねていくと、効果的な広告のやり方がわかってきます。

費用対効果を見よう

費用に対する効果（結果）を「**費用対効果**」といいますが、これはかけた費用に対して、どれだけ効果があったかを見る大切な指標です。費用対効果を見ることで、その広告を続けるか否かが見えてきます。

極端な例で説明しましょう。例えば、チラシを10万円分まいて、お客様が1名来たとします。そのお客様が購入した商品が50万円だったら、この広告効果の割合は20％です（広告費用÷商品単価×100）。この「10万円（費用）かけて」「1名来て50万円のお会計があり広告費用が20％（効果）」だったという結果が費用対効果です。新規客獲得のための広告の場合、目安としては、**顧客単価に対する集客費用は最高でも100％に抑えたい**ものです。単価1万円のサロンの場合、10万円でチラシをまいて10名来てもらえなければ、逆に広告過多で、改善が必要ということです。これはホットペッパービューティーなどのインターネット広告でも同じ考えです。

費用対効果の考え方

お客様単価1万円の場合

A

月に5万円かけた広告

・月に10名の新規のお客様が来た

・費用対効果は1名の新規客に
5,000円
新規広告費用50%

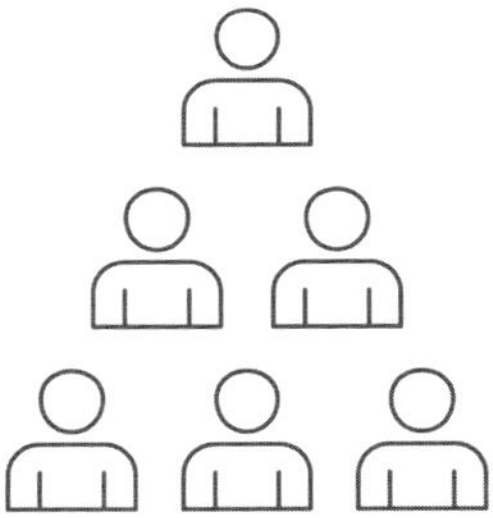

B

月に10万円かけた広告

・月に25名の新規のお客様が来た

・費用対効果は1名の新規客に

4,000円

新規広告費用40%

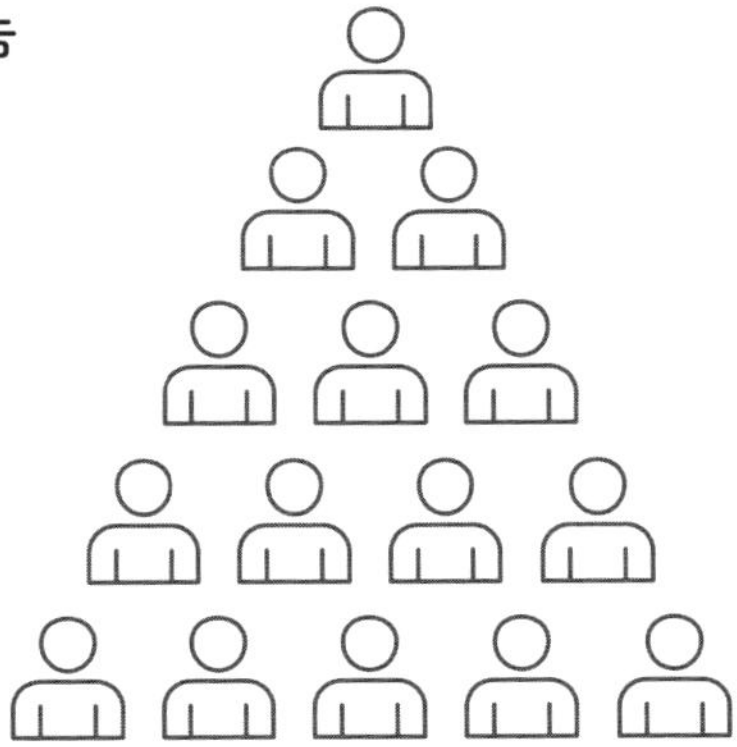

広告費は高くなったが費用対効果は良くなる。人数がこなせるなら、パターンBをとる選択

8 広告会社との契約で気をつけたいこと

●せっかく広告を出してもマイナスになることも

広告はかけようと思えばいくらでもお金をかけられますが、特に開業前後は費用もかさみ、手探り状態で集客しなければなりません。契約時には、気をつけたいポイントがいくつかあります。

①費用対効果

広告会社に、どのエリアで、どのくらいの費用をかけたら、どのくらいのお客様が来るかの指標を聞いておきましょう。そのうえで広告会社と一緒に目標を立てます。他のサロンの事例を出してもらうのも手です。

②リース契約か

リース契約とは、リース会社に料金を分割して支払いながら、設備などを一定期間借りる契約のことです。例えば、100万円のリース契約に対して、5年間、月額1万7000円支払っていくという契約方法です。コピー機などオフィス機器のリースが一般的ですが、ホームページやアプリなどの広告のリース契約もあるのです。

リース契約で気をつけなければいけないのは、高額な商品を長期間、分割で契約するうえ、最終的に自分のものにならないということです。月額だと安く見えますが、もし費用対効果がなく今すぐやめたいと思っても、リース契約期間があと4年残っているから、やめられない……という状態になります。熟慮のうえ契約しましょう。

③実働は何か

「こんなに安くて、こんなに効果がありますよ」とすすめられて契約したものの、実際は自分が時間と労力を注がなければ効果が全然ないということがあります。

例えば、美容系予約サイトに掲載する場合、文章や写真などの準備や更新はすべて店舗側で行なう必要があります。広告会社には、店舗側が何をすべきで、どのくらいの効果があるのかを聞いておきましょう。

④その広告の顧客層は誰か

広告先をよく調べずに契約したら、風俗系メディアだった……ということも。広告を出す媒体が自分の顧客層と合うかを広告会社に確認しましょう。

広告を依頼するときの注意点

①費用対効果
具体的にお客様が何人来るのか等の実績を聞く、または予測してもらう（同じ業界のものがベター）。

②リース契約か
リース契約は基本的にやめたほうが無難。

契約するときは、効果の保証がどこまであるか、返金対応ができるかなどを契約書で確認し、これでもかというほど慎重に。

③実働は何か
その広告に対して、お店サイドが具体的に何をしないといけないのかを聞いておく。

④その広告の顧客層は誰か
お客様の層がサロンとまったく合っていなければ、その広告をやる意味がない。

POINT

- 営業電話がかかってきたら、少し内容を聞いてから打ち合わせを決める。
- 打ち合わせした重要な内容は、メールで再度送ってもらおう。

9 チラシのつくり方

シンプルなチラシを目指そう

チラシは、お客様にサロンのことを知ってもらうための代表的な広告媒体です。つい、いろんな情報を詰め込みたくなったり、ビジュアルに凝りたくなったりしますが、お客様に自分のサロンがどんなお店かを伝えるには、「わかりやすいチラシ」が一番です。

サロン名、電話番号、住所、最寄り駅や地図、ネット予約やSNSなどの二次元コード（QRコード）といった基本情報が正しく記載されているかをしっかり確認しましょう。当たり前と思うかもしれませんが、案外、基本的な情報が抜けてしまいがちなのです。その他、手に取ってもらいやすいチラシのアイデアをご紹介します。

・割引チケット型のチラシ

チラシ自体が割引チケットになっているチラシは、お客様の目を引くチラシ№1です。表面にオトクな割引の内容とともに、お店の紹介を掲載。裏面にメニューを載せて、両面カラー印刷でつくります。どんなサロンで、どんなメニューがあるかが1枚でシンプルにわかる基本のチラシです。文字だけだとイメージが湧きにくいので、写真は必ず掲載しましょう。

ちなみに、割引チケットは名刺サイズのものをつくっておくのもおすすめです。当店では30分無料チケットを名刺サイズにして、出会った方や、お客様のご紹介用等に使用しています。名刺サイズであれば、近隣のお店にも置いてもらいやすく、周辺の飲食店やサロンと名刺の置き合いができるのもメリットです。

・お店のリーフレット型のチラシ

自分やスタッフの笑顔の写真、施術中の写真などをメインに、このお店をつくった想い、技術の特徴、内装のこだわりなどを表面に、メニューを裏面に掲載します。

あえて割引を大々的に謳《うた》わなくても、ネット予約用の二次元コードを載せ、ご新規様向けのクーポンにたどり着けるようにしておけば、予約につながります。

割引をあえて載せないチラシのメリットは、チラシが余ったとしても、それ自体がお店のリーフレットになること。店内で、お客様にそのまま配布できます。

お客様が見てくれるチラシの例

そのままお持ちいたける1ページタイプ

POINT

- 3つ折りにして配るときのイメージもしておこう。
- 裏面はメニューページにして、どんなメニューがあるかを見せる。

10 効果的なチラシの配り方

●その場で来店してくれることも！

チラシは、「直接配る」のが一番効果的。すれ違う人に**動きながら、笑顔で、手元に**配るのがポイントです。

お客様が5mくらいまで近づいてきたら、**「ハワイアンアロマサロンのキャンペーンやってます！」など5秒以内に伝えられる一言**とともに、笑顔で、お客様が読みやすいようチラシの上下に注意しながら差し出します。

お客様の親指と人差し指にハマるように、手元の高さにチラシを差し出して、お客様はただつかむという動作だけで簡単に受け取れます。もちろん両手が完全にふさがっているお客様は難しいですが、それでも受け取ってくれる方もいます。

目標は、10人中3人が受け取ってくれるくらいでOK。受け取ってくれなくても、最後までめげないことが大事です。「今、時間あるし、行こうかな」と思ってくれた人が、その場で来店してくれることもあります。**「開業キャンペーン中です。今すぐご案内できます」**といった一言を添えて渡してもいいと思います。

逆にやってはいけないのが、配る人を狙ってじーっと見続けることです。「あ、チラシを配られるな」と警戒されてしまい、断られる確率が高くなります。

●ポスティングの落とし穴

チラシには手配りのほか、近隣のポストに配る「ポスティング」があります。ポスティングの効果は約1000分の1といわれています。何千軒も配って、ようやくお客様が数人来てくれる程度なのです。

人が1時間でポスティングできる枚数は多くても300枚くらいでしょう。それを考えると費用はかかりますが、ポスティング業者に任せたほうがいいでしょう。会社や地域、チラシのデザインを自分で行なうか、印刷を自分でするかどうかでも費用が異なってきます。

ただ、それよりも、施術をする人が直接お客様に渡したほうが断然、効果があります。チラシを手配りする場合は、1時間で100名ほどしか配れませんが、対面して渡すので、ポスティングの10倍効果が高いというのが私の実感です。

効果的なチラシの配り方

NG

手元の距離が遠い
何のチラシかわからない

OK

手元の距離が近い
チラシの内容がわかる

POINT

- チラシを配る際には、基本的に警察への許可が必要。
- ポスティングは迷惑にならないように、ポスティング禁止の場所には配らないこと。マンション・アパートの管理人さんがいれば、一言許可をとってから入れるようにしよう。

11 口コミを書いてもらう工夫

リピーター様にも口コミを書いてもらおう

口コミは、次のお客様につながるとても重要な集客方法です。

「口コミはお客様が自主的に書くもの」「断られるのが嫌だからお願いしにくい」なんて思っていたら、もったいない！　**口コミは、お客様に直接お願いして初めて増えていくもの**です。

当店では、口コミを書いてくださったお客様にサービスをつけ、その場でできるだけ書いてもらうことを心がけています。

また、予約時に口コミを書いてもらえるかどうかをあらかじめ選択してもらいます。予約時に「口コミを書かない」と選択したお客様には、当日にサービスのことをお伝えして、できるだけ書いてもらうように促します。

ご新規様だけではなく、何度も通ってくださっているリピーターのお客様にも同じサービスを適用して、口コミを書いてもらえるようにしています。

サービスは原価がかからないものにする

サービスの内容は極端なものにせず、金額にすると500円～1500円ほどのものが妥当です。時間を使わず、原価があまりかからないものがいいでしょう。当店だと、「ホットアイマスク」や「ちょいのせストーン」をサービスしています。

次回のサービスにするか、その場のサービスにするかは、最初と最後のカウンセリング時間がどれだけあるかなど、サロンによって異なります。その場でサービスをつけるのであれば、最後のカウンセリング時にお客様に書いてもらうのがおすすめです。

また、最後のカウンセリング時間があまりない、あるいは内容をしっかり書いてもらいたいのであれば、**「できれば本日中に口コミ投稿よろしくお願いします」**とお伝えしましょう。「本日中に」と具体的な日にちを設定するのがポイントです。

口コミを集めるアイデア

その場でできるサービスを提供する

予約サイトで
口コミ YES・NO を質問

カウンセリングシートで
口コミ YES・NO を質問

サロン内の壁に
口コミサービスのご案内

お客様に見える位置の
テーブルにも POP を設置

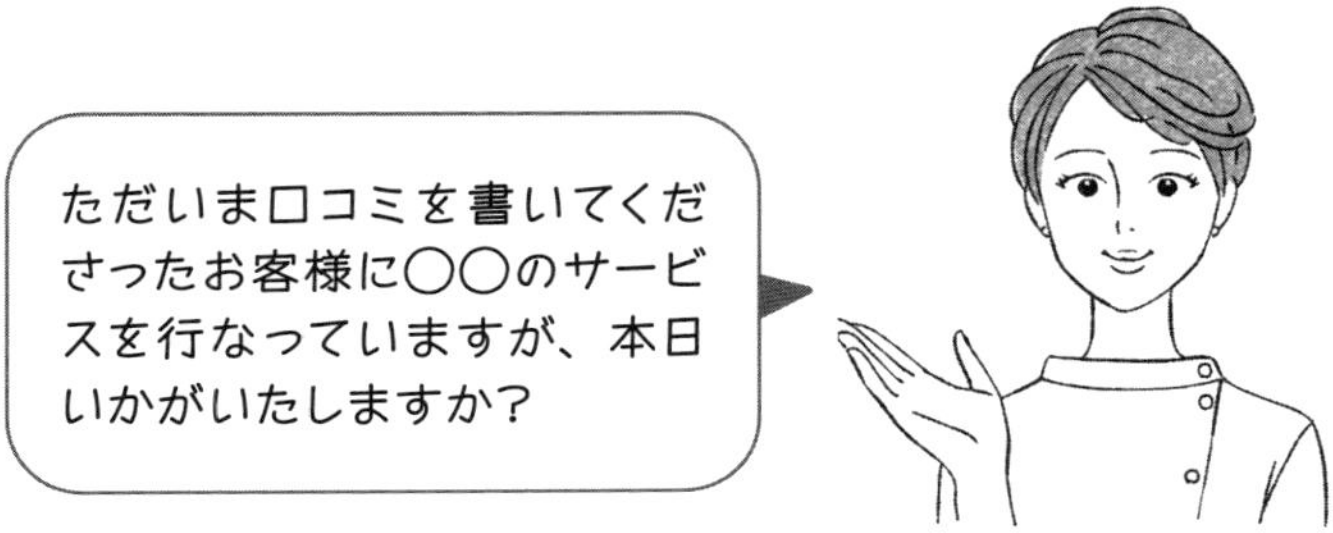
ただいま口コミを書いてくださったお客様に○○のサービスを行なっていますが、本日いかがいたしますか？

12 リピーター様が喜ぶキャンペーンやギフト

●年間で決めておくとやりやすくなる

お客様に喜んでいただけるキャンペーンは、お客様に対する日々の感謝をお伝えする機会でもあります。ただ、このキャンペーンで時間を費やしてしまい、他のことがおろそかになっては元も子もありません。

キャンペーンは年間で考えておき、メルマガなどのテンプレートまでざっくりつくっておくといいでしょう。

キャンペーンにはさまざまな方法がありますが、**目的や予算などを明確にしておく**ことをおすすめします。

・**誕生日ギフト**……バースデーギフトはいくつになっても特別なものです。メールのDMはもちろんのこと、アナログのハガキなどでDMを出すことによって、さらに特別感が出て、お客様の利用率がアップします。

・**お店の周年ギフト**……お店の周年記念のキャンペーンで、お客様を歓迎しましょう。お客様が、自分の通うサロンが創業何年になったのかを改めて知るきっかけになり、お店側がお客様に感謝を伝える良い機会になります。

・**回数券にギフト券を織り交ぜる**……回数券に、ご紹介者も使えるギフト券をつけると、お友達紹介につながる可能性が高くなります。ご新規様獲得の大チャンスです。

・**購入時のさらなるキャンペーン**……お客様にAの商品を購入していただいた際に、Bの商品も一緒に購入していただくとオトクになるという販売のやり方です。お客様が特に興味がなかった商品も、「割引してもらえるなら」と、ついでに購入していただけるきっかけになります。

・**季節もののキャンペーン**……春っぽい、夏っぽい、秋っぽい、冬っぽいなど、特に日本人は季節を感じられるイベントが好きです。季節感のある文言で、「この季節は心身にとってこんなリスクがあるから、こんなキャンペーンを行なっている」ということがわかる見出しにすると、お客様に魅力的に見えます。

・**くじ引き**……くじを引いて、何等かによって割引率を変えていくキャンペーンです。イベント感覚がより強く、お客様にも楽しんでいただけるので、1年に1回はやりたいキャンペーンのひとつです。

実際のキャンペーン・ギフトの例

月	キャンペーン	目的
1	物販セットの福袋	物販商品を手に取ってもらうきっかけに
2	ご新規向けのチケット販売	ご新規様に気軽に通ってもらうために
3 4	学生限定クーポンの配信・紹介キャンペーン	新生活に向けたご新規様へ・リピーター様からの紹介をいただくために
5	ゴールデンウィーク限定クーポンの配信	お手入れの大切さを知ってもらうために
6	ありがとう感謝祭 リピーター様専用クーポンの配信	お出かけ前のお手入れ需要UPに合わせた来店きっかけに
7	サマーセールでお得なチケット販売	いつもよりお得に通いたい方に
8 9	120分以上のオプション半額・ 天候に合わせたクーポンの配信	オプションを体感するきっかけに 天候理由での来店が減らないように
10	ハロウィンイベント くじ引きを引いて施術とお菓子のプレゼント	リピーター様に普段行わない 施術体験をしてもらう
11	冬セールでお得なチケット販売	いつもよりお得に通いたい方に
12	冬セールでお得なチケット販売 クリスマスギフト券と物販ギフトセット販売	いつもよりお得に通いたい方に プレゼントとしての購入に

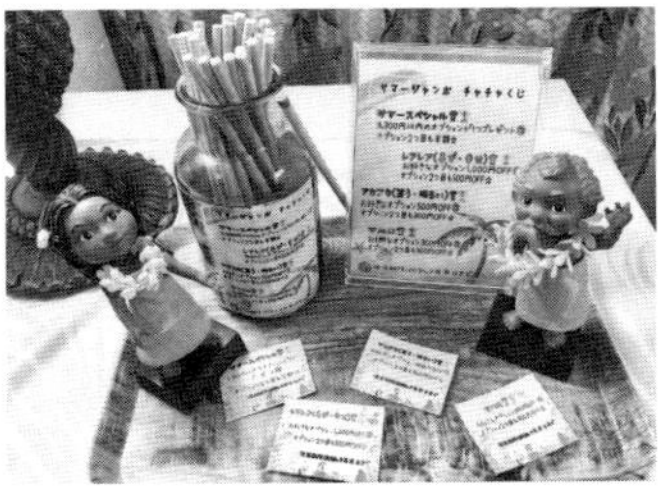

くじ引きは100円ショップなどを利用しながら、オリジナルなものを作成

ギフト券はセット販売も◎

13 割引には理由と期限をつける

お客様が割引に慣れてしまわないように注意

クーポンやサービスの割引は、お客様を呼ぶために簡単な手法に見えるかもしれません。ですが、理由もなく頻繁に行なっていたら、割引が当たり前になってしまい、正規の値段が意味をなさなくなってしまいます。

割引を行なう際は必ず、以下の4つの点を明確にしておきましょう。

・**期限**……期限なしの割引は〝なあなあ〟になり、それが正規の値段のようになってしまいがち。期間限定の販売、回数券は期限付きだから安いなど、期限があるから割引が効くというのを明確にしましょう。

・**理由**……なぜ、この割引を行なうのか、理由を明確にしましょう。お客様に商品を知ってもらいたい、試してもらいたい、通ってもらいたい、この季節だから、お店の開業記念だから、お客様が誕生日だからなどの理由が必要です。

・**利益の確保**……割引をするにしても、まったく利益（粗利）が出なければ意味がありません。利益（粗利）は、最低20％は確保したいところです。

例えば、正規の値段が1000円の物販商品を、お店側が700円で購入していたとすると、仕入れは70％（7掛け）ですね。この商品を30％オフの700円で売ってしまったら、利益（粗利）は0円になってしまいます。

ただし、その商品の使用期限が近いなどの理由で、その商品を破棄するくらいなら利益0でも売って、お客様にオトク感を持ってもらおうという戦略があれば、絶対に利益を確保しないといけないということでもありません。割引の目的をしっかり把握するということが大事です。

・**目標**……せっかくキャンペーンや割引をするのであれば、何名のお客様に利用してもらうのか、目標を明確にしましょう。

そして、キャンペーン後に成功したのか否か、要因は何だったのかを振り返ることによって、サロン改善のヒントとし、より良いサロンづくりに活かしていきます。

割引クーポンの注意点

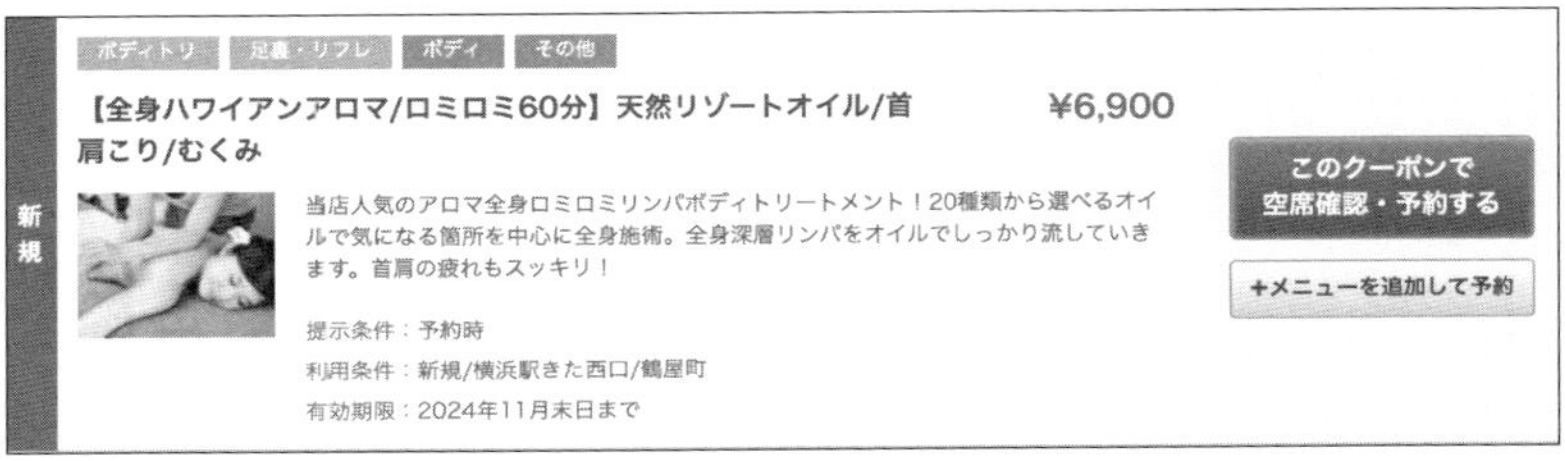
新規
ボディトリ
足裏・リフレ
ボディ
その他
【全身ハワイアンアロマ/ロミロミ60分】天然リゾートオイル/首肩こり/むくみ
¥6,900
当店人気のアロマ全身ロミロミリンパボディトリートメント！20種類から選べるオイルで気になる箇所を中心に全身施術。全身深層リンパをオイルでしっかり流していきます。首肩の疲れもスッキリ！
提示条件：予約時
利用条件：新規/横浜駅きた西口/鶴屋町
有効期限：2024年11月末日まで
このクーポンで空席確認・予約する
+メニューを追加して予約

物販商品は仕入れ値段から考える

販売	700 円
粗利	300 円
仕入れ値	700 円

← 利益につながる金額

割引しすぎると……

販売	700 円
粗利	0 円
仕入れ値	700 円

← 利益なしになる

POINT

- 割引は期限、理由、利益確保、目標設定をしておく。
- 利益（粗利）は場合によっては０でもいい。

14 再来店の確率を上げるハガキDM

●わかりやすいハガキDMの書き方

アナログのハガキDMはメールDMと違って、ぬくもりが伝わるツールのひとつです。手書きの部分を添えられたり、デザインを変えられたりするので、よりお客様に特別感を持っていただきたいときは、ハガキDMをお送りしてみてください。ただし、メールとは違い、ハガキDMにはそれなりの予算がかかります。ここでは、効果の出るハガキDMのつくり方の基本をお伝えします。

ハガキDMの構成は、**写真＋キャンペーン（期限付き）＋予約導線＋手書きメッセージ**が基本です。

・**写真**……まず「何のお店か」がはっきりしていることが大事です。例えば写真も何もなく、手書きのメッセージだけのハガキをもらったとしても、ぱっと見、何のお店からきたDMなのかわかりません。文字だけ読んでイメージできる人もいると思いますが、文字をじっくり見てもイメージできず思い出せないという人も結構います。

何のお店か一瞬でイメージしてもらうためには、写真が一番効果的です。お客様は一度や二度来店したからといって、自分のサロンを覚えていたり、100％理解してくれるわけではありません。まずは「思い出していただく」というところが入口です。

・**キャンペーン（期限付き）**……キャンペーンの商品情報を、誰が見てもわかりやすい言葉で書きます。

・**予約導線**……値段、期限、予約の導線は来店の確率を高める重要なポイントです。必ず明記しましょう。ネット予約のための二次元コード（QRコード）も忘れずに。

・**手書きメッセージ**……一言だけでも、ぬくもりのある手書きメッセージがあると、特別感がありますね。手書きメッセージの良いところは、サロンだけではなく技術者本人を思い出してもらえることです。お客様と会話したことや、お客様のコンディションのビフォーアフターなど、具体的なことを少し入れるだけで、お客様は「自分のことを覚えてくれている！」とうれしくなり、「こういう方に施術してもらったな」と思い出してもらえるきっかけになります。DMの最初にはお客様のお名前を、最後には担当者の名前を必ず書きましょう。

お客様に思い出してもらうハガキDMの例

何のためのハガキか
ご来店のサンキューDM、キャンペーンのDMなど

内容のテンプレート
お客様の名前を入れたほうがいいが、書き忘れてしまうくらいなら、名前の入れ込みはないようにする

サロンや施術の写真
関係ない写真はNG！「思い出してもらう」ための写真ということを忘れずに

キャンペーン適用のルール
ハガキ持参や予約時に「ハガキをもらった」とお伝えいただいた場合などのルールを記入

予約導線
記載がないお店が意外と多い。「ご予約はこちらから」など、わかりやすい導線にする

メニュー内容
キャンペーンや、次回ご来店の際のおすすめメニューを記載。
割引があるなら、必ず期限を記入

手書きメッセージ
一言あるだけで、ぬくもりUP！お客様との会話を覚えているなら、その内容も書くと心が通じるDMに。
お客様の名前と自分の名前を忘れずに！

ハガキ制作が簡単にできるアプリetc.
- Canva
- パワーポイント
- ワード
- Googleドライブのスライド等ドキュメント

※写真や素材を使うときは著作権に注意！自分の店舗の写真にするか、フリー素材を使用しましょう。

15 カウンセリングシートもひとつの広告

●必ず記入してもらいたいこと

お客様が来店されて、最初に個人情報の記入をするというのはサロンでは当たり前になっていますが、何を書いていただくかによって、お客様が求めているものや広告の費用対効果がわかったりします。

まず、**お客様が何を見て来店したか**は絶対に集計したい情報です。その期間にチラシを配っているようなら、チラシの費用対効果がわかりますし、広告を続けるか否かの指標にもなります。

また、**お客様が何の目的で来ているか、何で悩まれているか**も、自分のサロンの需要がわかるきっかけとなります。当店では「来店目的」という欄に「リラックス、疲労回復、ダイエット」という選択肢に丸をつけてもらうようにしています。なお、目的が何であれ、「医療行為ではない」という注意書きを明記し、了承の署名をもらうようにしています。美容院で最近よく見るのは、お客様がどう過ごしたいかを尋ねる項目ですが、「静かに過ごしたい」とチェックしたお客様に対して、何か商品のことを説明するとなると、なかなかやりにくくなってしまいます。また、そのお客様が次回来店したときも同じかというと、そうではない場合もあります。そのため、そのときの気分しだいで変わってしまうようなチェック項目はあまり必要がないと思っています。

●お客様に負担のないよう工夫しよう

カウンセリングシートがあまりにも長いとそれだけで時間をとられて、お客様も早く施術してほしいと思ってしまうので注意しましょう。シンプルに、お客様の目的や予約動線がわかるものが望ましいです。お客様がわざわざ記入しないといけない項目は最小限にして、**なるべくチェックするだけで完結できる、1ページ以内のカウンセリングシート**を目指しましょう。

最近では、紙ではなく、ネットでできるカウンセリングシートなどもあります。お客様自身の携帯で操作していただくものや、お店のタブレットで記入していただくものまで幅広く、印刷しないで済むのと、PCでの管理がしやすいのがメリットです。

リピートにつなげるカウンセリングシートの例

この度は、当サロンにご来店いただき、誠にありがとうございます。
メールアドレスご記入の方は、大変お得なクーポン情報の配信もございます。
お手数ですが、下記のご承認事項をご確認いただきまして、ご署名をお願いいたします。

《ご承認事項》

・当サロンの施術はリラクゼーションの一環であり、治療を目的とした医療行為、エステティックサービスではありません。
・一度お支払いされました料金に関しては、理由の如何を問わず返金し兼かねますのでご了承ください。
・施術時間にはフットバス・カウンセリング・お着替え等（10分）のお時間が含まれております。
※下記に該当する方の施術はお断りしております。万が一下記に該当することを秘匿された状態で当サロンの施術を受けた結果、疾患や傷害、体調不良等が発生した場合であっても、一切の責任は負いかねますのでご注意ください。
・高血圧の方・妊娠中の方、妊娠の可能性がある方・体調不良及び発熱している方・水虫または炎症のある方・飲酒直後の方
・癌もしくは潰瘍性疾患をお持ちの方・重度の糖尿病の方・半年以内の大きな怪我の治療、外的手術・骨粗鬆症の方
・血栓のある方・皮膚に異常のある方・ペースメーカー・その他、医師からトリートメントを禁じられている方

当サロンの施術は、一定の経験を積んだ施術者のみが担当しており、万全を期してはいるものの、上記に該当しない場合であっても、お客様の体調や特性等によって、施術を受けた際に、皮膚の赤みやかぶれ、その他予測不可能な体調不良が発生する場合がございます。そのいずれの場合であっても当方では一切の責任を負いかねますので、お客様の自己判断及び自己責任にて施術をお受けいただきます。尚、施術者が上記の状態もしくは、他の原因で施術をお受けいただく事が難しいと判断した場合、施術途中であっても施術を中断、中止する場合がございます。以上の内容をご承認いただきまして、ご署名をお願いいたします。

日付：　　　　年　　月　　日　ご署名＿＿＿＿＿＿＿＿＿＿＿＿＿＿＿

ふりがな		TEL	―　―
名前		生年月日	年　月　日
E-mail	@	職業	
住所	〒　-		

下記の当てはまるものに☑をつけてください。（複数可）

＊何を見てご来店されましたか？　□ホットペッパー　□HP　□看板　□チラシ　□ブログ　□SNS　□その他（　　　　）□ご紹介（　　　　様）

＊施術の目的はどちらですか？　□疲労回復　□リラックス　□ダイエット

＊力加減の好みはどのくらいですか？　□強め　□普通　□弱め

＊月に一回以上の身体メンテナンスはどこかで行なっていますか？　□はい　□いいえ

＊近日、特別なイベントなどはございますか？　□はい　□いいえ

＊気になる症状に☑をつけてください。

顔：□乾燥肌　□脂性肌　□日焼け　□毛穴　□赤み　□吹き出物　□ニキビ　□ニキビ跡　□むくみ　□たるみ　□くすみ　□しわ　□しみ　□クマ　□アレルギー（　　　　）

身体：□頭痛　□眼精疲労　□首肩こり　□背中疲労　□腰痛　□むくみ　□倦怠感　□不眠　□ストレス　□便秘　□冷え　□角質　□日焼け　□アレルギー（　　　　）

＊その他に何かございましたら、ご記入お願いいたします＊

ご記入ありがとうございました☆

＿＿＿＿＿＿＿＿＿＿セラピスト記入欄＿＿＿＿＿＿＿＿＿＿

担当者：　　　コース：　　　オイル：

16 ポイントカードは紙かネットか

紙とネットのメリット・デメリット

ポイントカードは、多くのお店で行なっていますね。最近は、ネットのポイントカードが主流になってきました。紙とネット、どちらのポイントカードにもメリット・デメリットがあります。

・紙のポイントカード

紙のポイントカードは持ち歩いてもらうことで、お店を思い出してくれるきっかけになります。紙のポイントカードにする場合は「何のお店か」がすぐにわかるようにしておく必要があります。

紙のポイントカードでも意外に多いのが、お店のロゴや名前だけがシンプルに印刷されていて、ぱっと見で何のお店かわからないポイントカードです。さらに、それが筆記体や特殊なフォントの英語ロゴだったりすると、お店の名前で検索もできません。結果、何のお店かわからず、再来店もないまま、ポイントカードが捨てられてしまう……という可能性が高いです。

サロンの施術内容がわかる写真、メニューの一部、予約導線につながる二次元コード、電話番号、住所は最低でもほしい情報です。これらをきちんと載せておけば、何のお店かを思い出してもらえます。

・ネットのポイントカード

ネットのポイントカードの良いところは、サロン側でもポイント管理がしやすく、お客様がポイントカードを紛失しないところです。スマホ上でポイントカード画面までたどり着かないといけませんが、お客様にとっては煩わしさがなく管理もしやすく、捨てられてしまうというリスクがなくなります。

LINE公式アカウントのポイントカードは、簡単操作でお客様に利用してもらえるので、おすすめです。

どちらのメリットをとりたいかで決めよう

紙とネット、どちらにも良いところがあるのですが、当店では「思い出してもらいたい」という目的を重視して、紙のポイントカードを継続しています。

自分のサロンがどういった観点でポイントカードをつくるのかを考えていくといいでしょう。

３つ折りタイプのランク式ポイントカードの例

4000円で1マイル、10マイル単位でお好きな商品と交換できます。

＊次回予約で1マイルゲット＊お友達紹介で2マイルゲット＊

ハワイアンロミロミメニュー

ハワイアンアロマ	リフトUPフェイシャル	骨盤全身ボディケア	ハンドフットリフレ
40分・・・4,900円	40分・・・4,900円	40分・・・4,500円	40分・・・4,600円
60分・・・7,800円	60分・・・7,800円	60分・・・6,800円	60分・・・6,900円
90分・・・11,900円	90分・・・11,900円	90分・・・9,700円	90分・・・9,800円
120分・・・14,800円			

＊セットコースもあります＊税抜価格＊

※施術を受ける店舗でその日に商品交換が可能です。

※全店共通マイルカードです。再発行はいたしかねます。

＊セラピスト求人募集中＊店舗に直接お問い合わせください。

店舗一覧

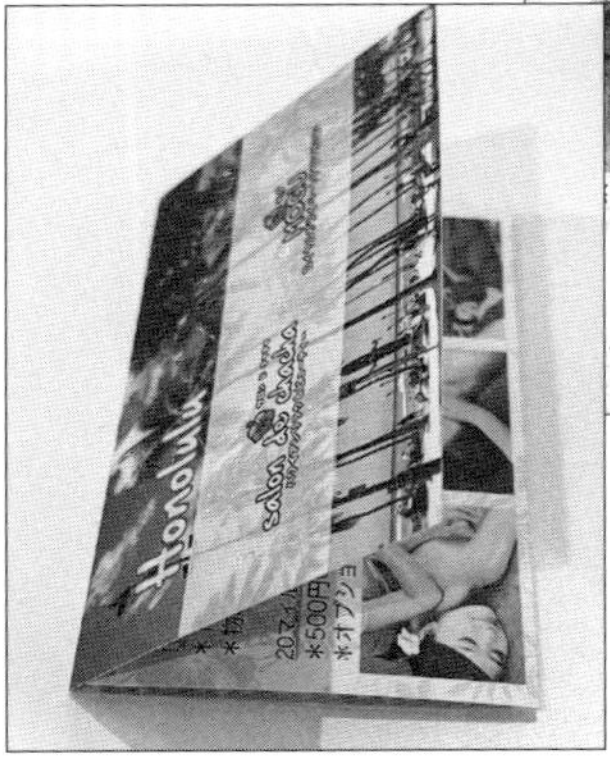

POINT

紙のポイントカードは「何のお店か」すぐにわかるようしておき、予約導線も忘れずに記載する。

COLUMN ⑤

毎日を効率的に過ごすヒント

経営者になると、やることが無限に出てきて忙しくなる一方です。プライベート時間を効率化し、仕事に集中する環境をつくりましょう。

・よく使う言葉は自動入力できるようにする

広告やSNSなどでよく使う文言、サロンでよく使う専門用語、日常で使う長めの文章などは、スマホの「ユーザー辞書機能」を使って、自動変換できるようにしておくと、打つ時間と手間が格段に減ります。

例えば、住所。自宅、店舗の住所を「〇〇市」と打つだけで、すべての住所が出てくるようにしておきます。また、「ありがとうございます」は「あり」、「よろしくお願いいたします」は「よろ」、など、使用頻度が高い文言であればあるほど、ユーザー辞書機能が役立ちます。

・家事代行に定期的に来てもらう

我が家では家事代行に月に1、2回来てもらい、特に時間のかかる掃除や細かい整頓などをお願いしています。自分のこだわりがなく、プロのほうがうまい家事を頼むようにするといいでしょう。

例えば、洗濯物の畳み方に自分なりのこだわりがあるならば、そうではない、アイロンがけを頼むようにします。私は、家事代行の方にもわかりやすいように、「家の箇所」と「何をやってほしいか」をエクセルにまとめて、やってほしい欄にチェックをつけて渡しています。

・健康に気をつける

代わりがきかない経営者は、身体が資本です。自分の健康を保ってこそ、お客様に満足のいく施術ができ、スタッフを育てていくことができます。とはいえ、ルールを厳しくしすぎると続けられなくなってしまいますよね。健康は継続が力になります。無理のない範囲で、正しい健康情報を集めたりして、自分が継続できる方法を確立していきましょう。

私の場合、本やYouTubeで食事の知識を更新する、週1回のパーソナルトレーニングで運動する、アロマトリートメントを受けてリラックスする、という3つを継続的に行なっています。

第6章

リピート率80％以上を目指す！サロンの接客術

1 接客にこだわろう

お客様満足度をアップさせる接客

「技術を磨くのは好きだけど、人とコミュニケーションをとるのはちょっと苦手」という人は少なくありません。でも、接客がイマイチだと、どんなに素晴らしい技術を持っていても、お客様の満足度は大きく下がってしまいます。

態度が悪いというのは、具体的には、無愛想、身振り手振りがぶっきらぼう、猫背でやる気がなさそう、声がこもっていて聞こえにくい等々……。また一度聞いたことを何度も聞いたり、返事が曖昧だったり、遠慮がありすぎる接客もお客様をイライラさせてしまいます。

接客力が足りていないと、それだけでクレームにつながりやすくなります。お客様の気持ちになったときに、自分がどんな接客をされたいか、どんな接客をされたら気持ちが良かったかを思い出して、お客様に満足していただける接客を目指していきましょう。

また、自分の接客を客観的に見てみるのもおすすめです。自分の接客デモンストレーションを動画で撮って見てみると、自分がお客様の目にどのように映っているのかがわかります。自分の接客の良いところと悪いところ、改善点などを確認しましょう。

一貫性を持った接客を目指す

ここまで、サロンのコンセプトに合わせることの大事さをお伝えしてきましたが、それは接客についても同じです。フランクな接客なのか、きっちりした接客なのか、自分のよさが出る接客でお客様をお迎えしましょう。

アットホームさがコンセプトの小さなサロンであれば、あまりに堅苦しいとせっかくの親しみやすさがなくなってしまいます。逆に、ホテルのような極上さをコンセプトにしているのであれば、言葉使いやふるまいを完璧に磨く必要があります。

いずれにしても、基本的な接客マナーは必須のスキルです。自分の接客スタイルにこだわるのは大事なことですが、お客様が不快に思うことはしないなど、最低限のラインはクリアしてください。

自分の接客を客観的に見よう

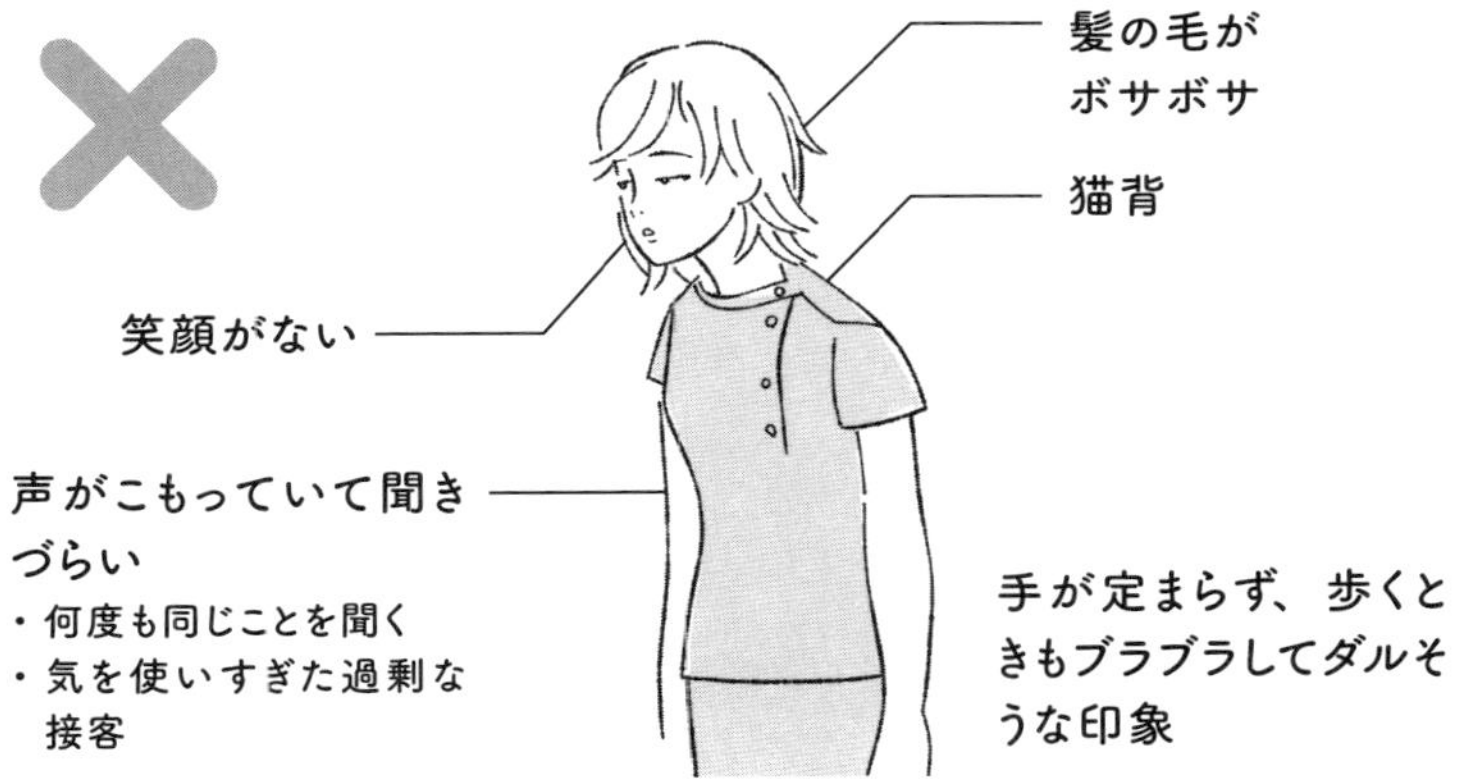

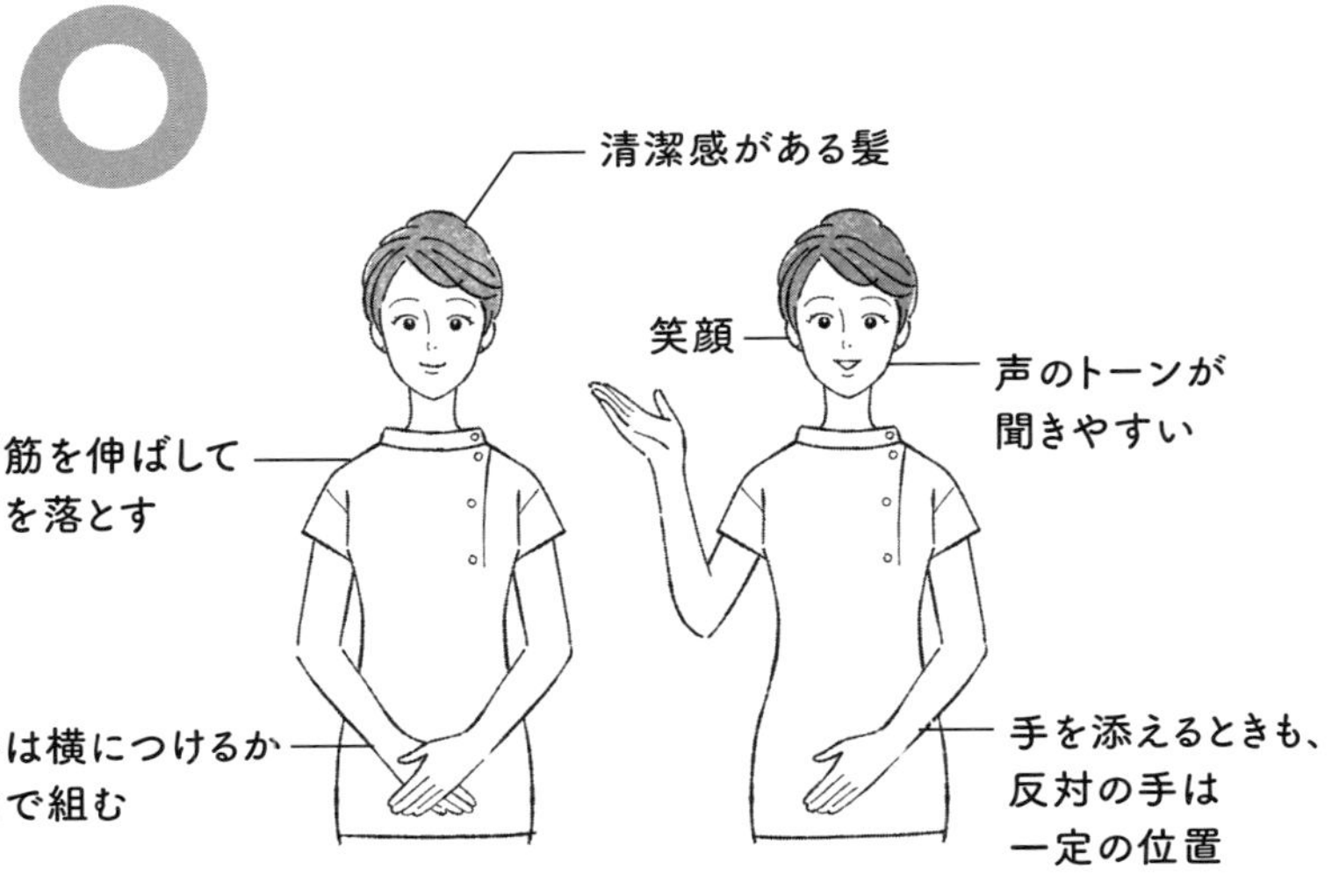

POINT

できているか動画を撮って、さらに客観的に見よう。

2 「お金ブロック」を外そう

●サービスを提供した結果いただくのがお金

開業希望者の方々にアドバイスする中で感じるのは、**お金に対するメンタルブロック**がある人が多いということです。

お客様が決まった商品を、こちらが何も言わなくても勝手に商品を購入してくれる。そんなお客様ばかりだったら、そもそも「お金ブロック」がある人もいないでしょう。ですが、実際はそうはいきませんよね。ほとんどのサロンの技術者は、商品・メニューを自力で販売しないといけません。**技術者は営業マン**でもあるのです。

特にサロンの場合は、商品やメニューの説明をしないと理解してもらえないことが多く、高額な商品であればあるほど、その傾向は強いです。逆に言えば、自店の商品・メニューをお客様にしっかりおすすめすれば、躊躇なくお金を出して(購入して)いただけるということです。

お金ブロックがある人は、まずは次のことを考えてみてください。

- **自分は社会の一員である**
- **経済を回すことは社会貢献のひとつである**
- **人はわからないものは買わない**
- **お客様は自分が説明しないと商品を手に取れない**
- **ボランティアではなく職業としている**
- **全世界の仕事は、お客様に喜んでいただくことと売上を上げることの2つが絶対目標だ**

自分は社会の一員で、サロンの仕事を職業として選び、お客様に良いサービスをして、しっかりお金をいただくんだということを腹に落とし込みましょう。社会の経済状況や、サロン業界の市場(マーケット)の立ち位置を調べたりするのもおすすめです。お金の価値や相場が把握でき、自信を持ってお客様におすすめできるようになります。そして、サービスを提供してお金をいただくということが当たり前に感じるようになるはずです。

「技術」「知識」そして「接客」を磨き、実行と分析を繰り返して、お客様に喜ばれ、売上も上がるサロンを目指していきましょう。

お金ブロックを外す考え方

- お金は世の中から一生なくならない
- ボランティアではなく職業
- お金はお客様に喜ばれるための対価
- サロンを継続させるために必須
- 心もお金も豊かになる権利がある

3 購入につながるご案内の基本

●基本情報＋お客様の未来

あなたは、どんなときに商品を買っていますか？　商品には、必ず商品の名前・概要・金額が明示されています。それらを見たうえで、かつ自分が試してみたいというものを手に取って「購入」に至ります。

サロンでは、その「試してみたい」という**お客様の気持ちを高めるのは、技術者**です。来店したお客様に商品を購入していただきたいときには、商品名や料金は視覚的にわかるようにＰＯＰなどで示したうえで**「商品の概要」「使い方や頻度」「待っている未来」**、この3点の説明をします。商品の概要は当たり前ですが、ここに使い方や頻度、待っている未来をお伝えすることで、お客様が商品を使うイメージを浮かべやすくなります。

例えば、リラクゼーションサロンのお店で、アロマトリートメント60分のメニューを選んだご新規様に、30分以上の延長をしていただきたい場合、お客様が商品概要（メニュー内容）をある程度知ったうえで、こんなふうに説明をしておすすめをします。

「○○様、ご来店ありがとうございます。本日ですが、このあと長いコースをおとりすることもできます。90分のコースですと、ヘッドの施術もついてきまして、疲れている箇所をさらに流すことができます。１２０分コースですと、さらにフェイシャルもつけられて、足先から頭まで全身のケアがしっかりできます。長いコースのほうがお疲れもスッキリとれますし、お得になりますので、本日お時間よろしければ、どちらかいかがですか？」

と、メニューやＰＯＰに手を添えて説明します。お客様によっては、耳だけだとあまり情報が入ってこないので、必ず商品の概要はＰＯＰなど「視覚」でも理解してもらうようにしましょう。お客様が選んでいただきやすいように、**おすすめはできるだけ2択～3択に絞る**のもポイントです。

また、事前にカウンセリングやヒアリングを行なっておくと、おすすめに説得力が増します。説明をしっかり言い切ると「自信がある技術者→頼れる技術者→信頼できる技術者」という印象をお客様に与えられます。

人はわからないものを手に取らない
？
誰もこれが何か
わからない……
「商品の概要」「使う時期や頻度」
「待っている未来」
をお客様専用の内容で伝える
天然のアロマ精油を使用した肌への刺激が少ないタイプのフレグランスで、お部屋はもちろん、身体にも毎日使えます。
良い香りに癒されて、○○様の日常がぜいたくになりますよ！
本日いかがですか？
買います！
アロマ
フレグランス
¥2,000

4 結果が大きく変わる伝え方

●商品を買ったお客様の未来はどうなる？

サロン利用前、お客様が考えているのは、**「結局、自分はどうなるの？」**ということです。その疑問を解消するには、商品の説明や使い方に加え、**お客様の未来**を伝えていくことがポイントです。その商品がお客様のニーズに合うのか、お客様ならどういった使い方をするのがベストなのかなど、その商品を使うことでお客様の未来がどんなふうに良くなるのか、お客様の名前を呼びながら、「そのお客様専用」の説明をします。

そして最後は必ず「いかがですか？」や「どちらかいかがですか？」などの質問をして、**お客様にイエス・ノーのジャッジをしていただく**機会をちゃんとつくりましょう。お客様のジャッジを促せない「検討してください」はNGです。

・**NG例**「回数券の説明をしても大丈夫ですか？　5回の回数券○○円です。どうぞ検討してください」

お客様への説明に対し、何でもお客様が決めるというのは違います。お客様は話を聞いて、どう思うかを検討しなければなりません。また、最後の「検討してください」は、その場で購入は決断せず、「検討します」という返答だけになってしまいがちです。

・**OK例**「○○様には、お身体が楽になるよう、使いやすい回数券のご案内をさせていただきます。（POPを見せながら）5回、10回、15回で、それぞれこのような特徴があります。（具体的に説明）

○○様は、お身体がとてもお疲れでしたので、5回だとすぐに使い切ってしまいます。さらにオトクな10回、15回の回数券がおすすめです。

このくらいの頻度でこのように通っていただくと、今のお身体のお疲れがとれやすくなっていきますよ。○○様ですと、10回、15回が合っていると思いますが、どちらかいかがですか？」

お客様にとってのメリットをわかりやすく伝えましょう。お客様は自分の状態を100％知っているわけではありません。どの商品がお客様に合っているかのご提案も効果的です。

お客様の未来を伝えよう

NG　NOの選択に導く伝え方

商品そのものの説明

＋

「検討してください」
「またタイミングの良いときに、
ぜひお願いします」

↓

お客様はイメージが湧かず、さらにジャッジも促されないので、お客様の返答は「わかりました」で検討したまま、購入に至らない

OK　その場でYES・NOをジャッジしてもらう伝え方

商品を使うお客様の
ストーリーの説明

＋

「どちらか、いかがですか？」
「どちらにいたしますか？」

↓

お客様は商品を使うイメージが湧き、ジャッジを促されているので、返答は「これにします」「やめておきます」というジャッジをしやすい

5 来店したお客様を選ばない

●**お客様を勝手に判断していませんか？**

商品のサービス内容を、ポイントを踏まえてしっかり説明することが大事だとお伝えしました。それでは、**その説明を、100人のお客様がいたら100人全員にしていますか？**

これは非常に重要なことです。なぜかというと、私たちはお客様を見た目や着ているものや住んでいる場所などで、お客様の事情を聞いてもいないのに勝手に判断してしまうことがあるからです。

男女も年齢も問わず、職業など関係なく、誰にも同じ商品の説明ができているでしょうか？

実際にあった事例をお話ししましょう。男性で年齢も少し上のお客様。その方は少し個性的な格好をされいて、正直、清潔感はあまりないように見えました。

今回のコースは180分。私が施術に入った際に、時間内にできるオプションを6つ説明して「いかがですか？」と促してみたところ、なんとすべてのオプションをつけてくださったのです。その内容は、顔の毛穴洗浄や、ダイエットが目指せるテーピングなども入っており、美容が大好きな女性向けのものまで含まれていました。毛穴洗浄の説明をしたときには、「最近、毛穴が気になっていて……」と教えてくださりもしました。

そのときのお会計は4万円弱。この結果は、そのときの私が「このお客様はオプションなどつけないだろう」と勝手に決めつけずに説明をしたからです。

お客様のお悩みやお金事情などを聞いてもいないのに、「このお客様は若いから、オプションをつけてくれない」などと勝手に思い込んではいけません。学生のお客様でも、実は親がお金を渡しているかもしれません。良い時計をしているお客様でも、少ないお金をやりくりして買った大切な時計かもしれません。そういった**見えているところでお客様を判断せず、自分たちの商品をしっかり説明しきる**というのが一番のポイントです。

100名のお客様に100％お伝えすることで、手に取っていただく確率がぐんと上がるのです。

お客様を選ばない接客のコツ

✕ 買ってもらえそうなお客様だけに説明する

ニーズの引き出し	説明	選択	GOAL 購入
100名のお客様のニーズ（悩み）を引き出す	スタッフが選んだ10名のお客様にのみ説明する	10名に購入を選んでもらう	10名中3名のお客様のみ購入

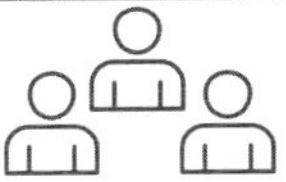

○ お客様全員に説明する

ニーズの引き出し	説明	選択	GOAL 購入
100名のお客様のニーズ（悩み）を引き出す	100名のお客様全員にしっかり説明する	100名に購入を選んでもらう	100名中40名のお客様が購入してくれた！

POINT

お客様に惜しみなくアプローチすることで、伝え方も慣れてくるので、手に取っていただく確率も上がる！

6 リピート率が圧倒的に良くなる声の出し方

●印象が大きく変わる発声のコツ

声は、自分が思っている以上に印象を左右する重要なもの。**声の出し方でリピート率や販売率が圧倒的に変わってきます！**

例えば、すごく低い声で口角を下げた形にして声を出すとどうなるでしょうか？　非常に聞きにくく、さらに機嫌が悪いような声になります。逆に、声をいつもよりもワントーン高くして、ほほえみながら声を出してみましょう。聞きやすく、機嫌が良い声になります。同じ説明をした場合でも、

・声が聞き取りやすい→理解ができる→次回来店のイメージが湧く

・声が聞き取りにくい→理解ができない→次回の来店イメージが湧かない

となり、リピート率もぐんと上がります。

また、声を出すときの目線も重要なポイントです。お客様にお話をするときに、目線が正面にあると威圧的に感じてしまいます。目線を少しずらすことで、お客様は居心地良く、話を聞くことができます。

・悪い発声……低い声、早口、姿勢が悪い、お客様の顔を見ない、声が小さすぎる、ぶっきらぼうな言葉使い、

・良い発声……高い声、ちょうど良いスピード、姿勢が良い、お客様の顔を見る、声の大きさが程良い、丁寧な言葉使い、程良いフランクさ加減

お店のスタッフ全員が良い発声ができているのが理想です。接客や電話応対のデモンストレーションを録音・録画して、確認してみましょう。

●顔が見えない電話は特に意識する

特に電話応対時は表情が伝わらない分、お客様は声だけでスタッフの印象を読み取ります。敬語や気遣いなどの基本的なマナーはもちろん、声の出し方をより意識しましょう。

電話だと聞き取りにくくなりがちなので、**①胸を張り、姿勢を良くする、②声を2トーン高くする、③聞き取りやすいスピードで落ち着いて話す**ことがポイントです。

良い声を出すポイント

発声練習「ソラ」の音

人が心地良く感じる声の高さは「ソ」と「ラ」の音といわれている。「ソラ」を意識して、発声練習をしてみよう！

①「ドレミファソラ〜♪」と一度歌ってみる。

②「ソラ」の音を意識して、発声練習。

例）電話応対の場合
「お電話ありがとうございます！
ご予約ですね、かしこまりました。
それでは、お待ちしております」

③録音→聴く→改善→また録音の順で練習する。

接客中の座る位置

90度〜120度は視線が外れ、安心がある

対面は威圧感を与えやすい

対面に座っての接客は視線が外れ、安心感がある

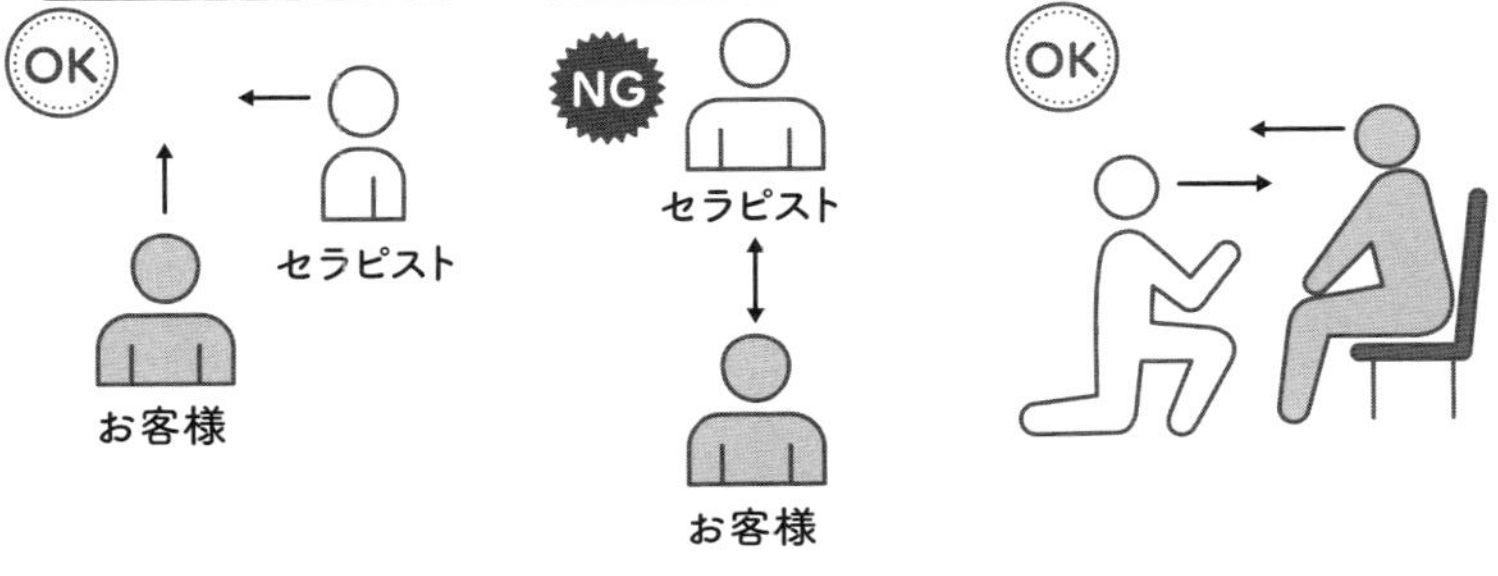

7 お客様のお断りを徹底してなくそう

●YESの選択肢を増やそう

サロン経営の目標は、お客様に喜んでいただくことと売上を上げることです。予約でいっぱいのときなど、せっかくお問い合わせくださったお客様をお断りするのは、売上も失うことになり、未来のリピーターを逃してしまう「損失」になります。

「この日時で予約したい」というお客様のご希望に対し、すでに空きがない状況のとき、「申し訳ありません。その時間はご予約がいっぱいでして……」とお詫びして終わり、というのは非常にもったいないことです。

必ず3パターン以上の代わりのご提案をして、それでもダメならお断りしましょう。YESかNOか、選択肢がどちらかしかなければ五分五分ですが、YESの選択が多数あれば、お断りという損失を減らすことができます。例えば、次のような提案をすることができます。

①希望の時間は難しいが、違う時間ならとれると促す
②他の短いコースならとれると促す
③お客様のインターバルをなしにして予約をとる
④当日がダメなら別日を促す
⑤当日でない場合、スタッフの出勤を聞いて折り返す
⑥その他、臨機応変に対応してお客様に提案をする

具体的な会話例で見てみましょう。

お客様「120分のクーポンでフェイシャルとアロマのフェイシャルはなしにしたいです」

回答A「アロマだけの120分のクーポンはございませんので、正規の値段でのご案内です」→**NG!**

回答B「かしこまりました。フェイシャルなしで120分のクーポンを承りますね」→**OK!**

Aはお客様を断ることになり、二度と来店してくれなくなる可能性もあります。今回は技術の「追加」ではなく、技術を「抜く」ご要望なので、お店に支障はありませんよね。同様のお断りが月に何件あるかなども見ながら、柔軟でやりすぎない対応をして、お断りがないように最善のご案内をしていきましょう。

こうした接客がお客様が喜び、売上がアップするサロン経営につながります。

お客様のお断りを回避するパターン例

**この日の12時より120分の枠で予約したい
お客様Aさんから連絡が来た場合**

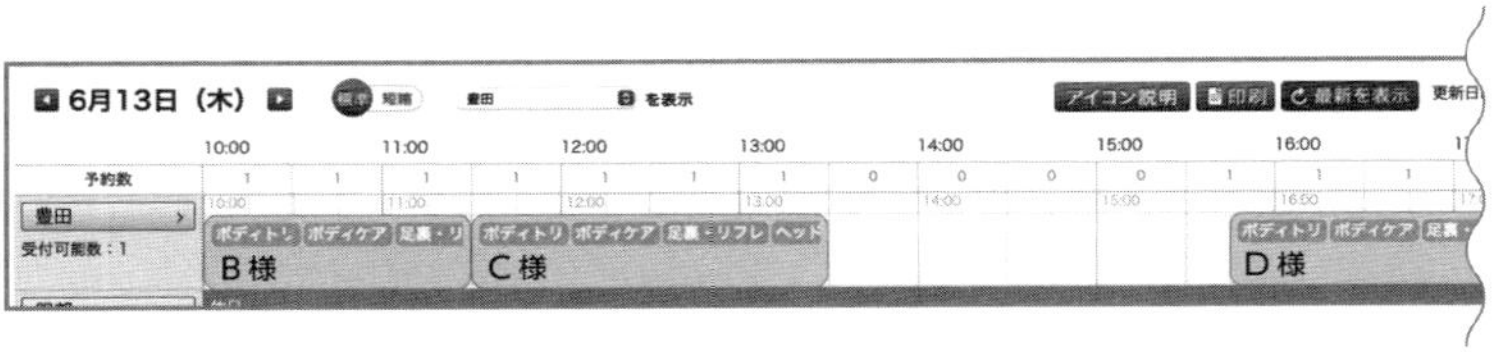

パターン①　13時30分からの予約を促す。

パターン②　別日での予約を促す。

パターン③　Cさんに13時45分からに変更できないか促す。
Cさんに変更していただけたら、
Aさんに11時45分から予約がとれることを
お伝えする。

パターン④　キャンセルが出た場合、ご連絡する旨をお伝えする。

パターン⑤　それでも難しければ、
「ぜひ、またの機会にお越しください」と
笑顔＆丁寧な声でAさんにお伝えする。

POINT

・さまざまな視点で予約がとれないかを考える。
・より丁寧な応対を心がける。
・電話を切るのは、お客様が切った後。
・「ありがとうございます」の言葉は節々に。

8 リピーターになってもらう最短の方法

●最初が肝心！　お店を知ってもらおう

リピーター様は、サロンにとって本当に大切な存在です。数あるサロンの中から選んで来てくださったお客様には、ぜひリピーターになってもらいたいですよね。

お客様は短期間に3回来ると安定したリピーターになってくれるといわれています。2回目、さらに3回目来ていただくためには、お客様に**「通う意味」**を理解していただく必要があります。

①お店のメニューの紹介・説明……最初から、お店のメニューをすべて把握しているお客様は1人もいません。前回のメニューについて、きちんと説明しましょう。そのうえで、施術した内容のビフォーアフターをお伝えし、その他のメニューについても、「お客様なら、このメニューがおすすめです」などとご紹介し、〝そのお客様専用〟の説明をしましょう。

②来店頻度の説明……お客様がどのくらいの頻度で、どのように通ったらいいかを説明します。そのお客様が施術を受けることで、どうなるのかといった未来像まで説明することにより、「お客様がサロンに通うストーリー」が完成します。自分が通うイメージが明らかになることで、「また来店しよう」と思っていただけます。

③次回予約のご案内……次回予約のご案内は必ず行ないましょう。「自分にとって必要だ」とお客様に判断してもらえれば、予約してもらいやすくなります。お店に負担がなく、お客様が少し特別に感じるような次回予約に対するサービスがあると、リピート率もアップします。

④回数券のおすすめ……通い続けてもらって効果の出るサロンでは、回数券は効果的なツールです。回数券のメリットは、購入していただければリピーター決定という点です。特に、エステやマッサージのような形に残らない業種は、回数券を買ってもらうことでサロンを思い出してもらい、継続して通ってもらいやすくなります。

回数券がなくても、お客様が「通う意味」を理解してくだされば、永続的に次回予約をとることができます。これを実践している当店のスタッフは、リピート率9割を超えています。

お客様に継続して通ってもらおう

例）お店のメニューの紹介・説明

本日のメニューは〇〇という特徴があって、〇〇様は〇〇の状態でしたが、このような変化がありました。

POINT

実際に変化した場所を触ってもらったり、鏡を見てもらったりしながら、ビフォーアフターをお伝えするのがポイント！

お客様がサロンに通い続けたくなる理由

- 技術者の技術が安定していて、結果がいつも出る
- 技術者の知識が豊富で通っている意味を見出せる
- 人柄の相性が良く、その人と話したくて通い続ける

9 クレームには誠意を持って対応する

●クレーム対応の順番

気をつけていても、どうしても起こってしまう、お客様のお怒りのご意見。こちらの対応に誠意を示せば、ひどい問題は起きません。

クレーム対応は、次の順番で行なうのが基本です。

①聞く・謝る→②事実確認→③解決案→④改善策と感謝を伝える

クレームが起きてしまったら、まずは、とにかく状況を聞ききること。現状把握ができるよう、お客様から状況や心境などを詳しく、共感するようにして話を聞きましょう。お客様がどんな思いをして、何を要求しているのかを判断するのにとても大事です。

金銭が絡むようなことは脅しになりかねないので、その場では判断せず、状況を確認しましょう。

(例)「次の日、身体が痛くなったから返金して」

×「大変申し訳ございません。返金はできません」

○「このたびは○○様に不快な思いをさせてしまい、大変申し訳ございませんでした。よろしければ、どの箇所が痛いのか、詳しくお聞かせいただけますか?」

話を聞いたあとで「そうだったのですね。このたびは申し訳ございませんでした。返金はできかねますが、代わりに○○のサービスをつけさせていただきます。いかがでしょうか?」とお伝えします。お客様の要求をそのまま受けるのではなく、状況によっては、やりすぎない程度にサービスをつけるなど代替案の提案をします。

お店側に改善すべきところがあれば、「今後、このようなことがないように、徹底して改善してまいります。貴重なご意見、ありがとうございました」と感謝を伝えます。クレームの内容によって、サロン側が全面的に悪くなくても、それでも不快にさせてしまった「思い」に対してまずは謝りましょう。

絶対にしてはいけないことは、次の通りです。

- **謝らない、共感しない**
- **相手を挑発するような態度をとる**
- **返金、慰謝料の請求などに安易に同意する**
- **金銭や土下座の要求に対して言うことを聞く**

クレーム対応のコツ

聞く・謝罪・共感

相手の話をまずは聞き、
その「思い」に対する共感と謝罪をしよう。
感情に引っ張られず、最後まで落ち着いて聞くことを心がける

事実や要望の確認

事実や要望を確認しよう。
たとえ事実が異なったとしても、
店側の意見を理解してもらうより共感を大事にする

解決に向かうご提案

むやみに要望を聞くのではなく、代替案などを提示しよう。
場合によっては強要罪になる要望もあるので、
ルールを明確にして判断する

感謝

お客様も労力を使っている。
最後は、クレームに対する感謝をお伝えしよう

POINT

**大事にしたいのはお客様の「気持ち」。

だからといって、曖昧な返事や対応は、よりお客様の怒りを増幅させることに。クレーム対応はお客様に共感しながら、「堂々」と「冷静」に対応することが大事。**

COLUMN ⑥

家事・育児と仕事のバランス

読者の皆さんの中には、家事や育児をしながら開業をするという方もいらっしゃるのではないでしょうか。私が開業したての頃は子どもがいなかったので、日中は技術者としてお客様に施術をし、夜はビジネス交流会に参加するなど、朝から晩まで仕事をしていました。

その後、子どもを出産し、子どもが熱を出したりして自分が休まないといけないときなど、自分の代わりになってくれるスタッフを雇用していてよかったなと、開業のメリットを実感しました。

夜遅くまで働くとなると、子どもを誰かに見てもらわないといけません。そんな環境にない方が開業するとなると、2つの開業パターンしか考えられません。

ひとつは、一人サロンでやっていくパターン。夕方までの営業時間で、どうしても休まないといけないときは、お客様にキャンセルをしていただく。

もうひとつは、自分は経営に徹して、自分の代わりに施術してくれるスタッフを雇うパターン。1人でやっていたときとはまた別の労務が増えますが、お客様の施術はこなしていけるので、サロンの営業も継続できます。

仕事と家庭のバランスは、女性にとって避けられない課題です。個人的には、プライベートがおびやかされるような仕事の仕方は意味がないと思っています。死に物狂いで体調を壊してまで働くような開業は、人生を本当に幸せに導いてくれるとは思いません。人生は、仕事のためにあるのではなく、自分の幸せのためにあるのです。

第7章

最低限知っておきたいサロン経営の数字の基本

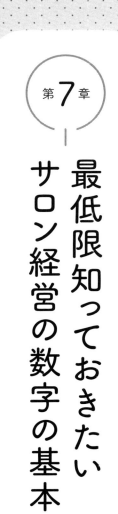

1　客数×単価＝売上を徹底理解する

サロンを継続していくための売上の基本

売上は「**客数×単価**」で構成されています。

- **客数……お客様の来店数**
- **単価……1人のお客様が支払う料金**

具体的に考えてみましょう。例えば、月50名のお客様を施術し、単価が平均5000円だったとします。その売上は？　50名×5000円＝月25万円です。

では、50名のお客様の施術をし、単価が平均1万円でした。その売上は？　50名×1万円＝月50万円です。

1カ月あたりのお客様人数が同じでも、単価が変われば、売上が倍になるのです。

サロンは基本、一対一で施術する業界です。美容室などはアシスタントがいて、同じ時間で何人ものお客様をこなす美容師さんもいますが、それでも施術自体はお客様と美容師、一対一というのは変わりません。

売上を上げようとすると、客数と単価をアップする必要があります。お客様単価が低いと、それだけお客様人数をこなさないといけなくなります。でも、人数が少ないサロンや一人サロンでは、1人がこなせるお客様数には限界があります。

大手サロンであれば、安さを売りにしたり、広告費にお金をかけたりして、とにかく集客して売上を上げる「薄利多売」も可能かもしれませんが、小さいサロンでは、良いサービスをして、お客様単価をアップすることが店舗継続のポイントになります。

単価アップに必要なお金の考え方

サロンを経営する中で「お金を多くいただくのは、気が引ける……」というお金ブロックが出てくることがあります。

しかし、第1章4項でもお伝えしたように、お客様からいただく「お金」は、あなたが提供するサービスの大切な価値です。ボランティアではなく、仕事として継続していくのであれば、絶対に必要な考え方です。技術やサービスの価値を高めていき、単価アップをしていく努力や工夫を続けましょう。

売上のしくみ

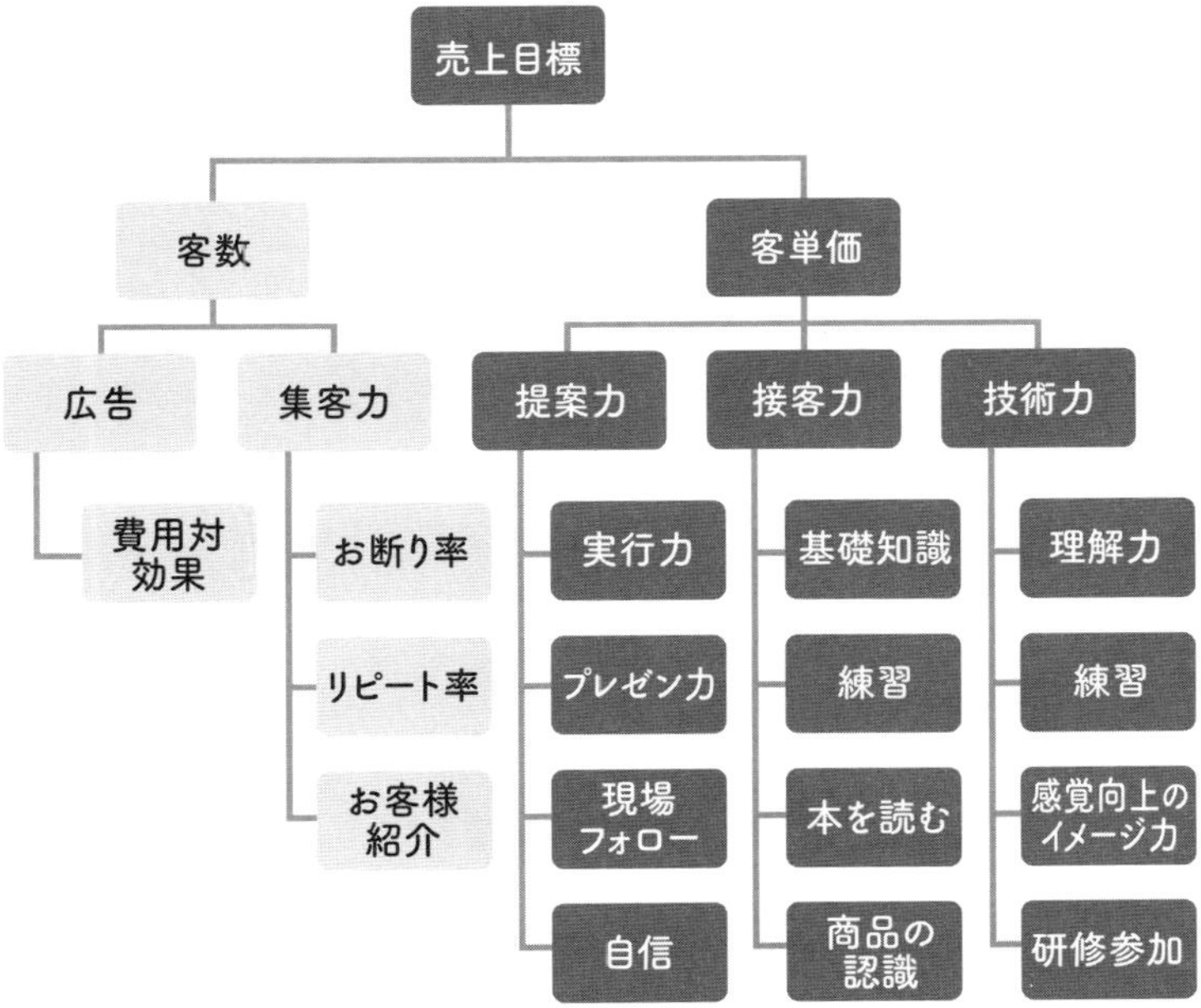

●お客様数×お客様単価＝売上

（例）50名施術×15,000円の客単価＝75万円の売上
50名施術×10,000円の客単価＝50万円の売上
50名施術×5,000円の客単価＝25万円の売上
➡お会計単価が1,000円変わると、
50名で5万円、100名で10万円の売上が変わる。
年間1,200名の施術に換算すると、
120万円の売上の差ができる！

POINT

お客様単価が変われば、売上は大きく変動する。

2 お客様単価を設定する

目標単価をあらかじめ決めておく

これまで、お客様単価を上げて無理なくバランスの良い売上目標を立てようとお伝えしてきましたが、そもそもお客様単価目標はどのように決めたらいいのでしょうか？

サロンのこだわりや売上目標が決まっていたら、お客様単価目標を決めることは、難しいことではありません。例えば「1万円の単価にしたい」と決めたとき、5000円～1万円のメニューしかなければ、1万円のお客様単価は達成できません。

それでは、5000円～2万円のメニューをつくり、5000円のお客様も2万円のお客様も入るようにすればいいのかというと、実はそうでもありません。なぜなら、**お客様が最初に試すのは安価なメニューのほうが多い**からです。100名のお客様が来たとしても、5000円60名、1万円30名、2万円10名といった割合になり、お客様単価は8000円止まりとなります。

そのため、**サロンに来ていただいた際に店内で単価を上げる商品**が必要になってきます。例えば、オプション、物販商品、回数券などが考えられます。

美容院に行くと、予約したメニューとは別に、トリートメントなどのオプションやヘアケア商品などの物販をすすめられますよね。5000円のヘアカットの予約だったとしても、3000円のトリートメントをプラスすれば、8000円の単価に上がります。

サロンでも同様に、目標単価を設定し、それに対してオプションや物販などを、どのようにおすすめしていくかを考えましょう。

お客様単価の意味を理解する

お客様単価の意味を深掘りしていきましょう。すでにお伝えしたように、**施術人数×お客様単価＝売上**です。1人の技術者が月に60名施術できたとしたら、単価1万円であれば月60万円の売上となります。単価1万1000円であれば月66万円、単価1万2000円であれば月72万円、単価1万3000円であれば月78万円と、同じ60名の施術人数でも、単価が1000円プラスされるごとに1カ月6万円の差が出てきます。これが1年だと72万円もの差が出てきます。

そして、その日に何人のお客様に施術できるか、**1人のお客様あたりの施術時間**によっても異なってきます。

業界のジャンルによりますが、例えば60分が施術時間の平均だとします。1日8時間稼働する場合、単純に考えると最大で8名のお客様をこなせますが、施術時間以外に、お客様を迎える、お見送りする、次のお客様の準備をするといったインターバル（次のお客様を入れるまでの時間）が必要です。このインターバルを仮に30分とすると、施術時間のトータルは結果90分となります。インターバルを含めた施術時間が、お客様1人90分となると、8時間稼働して5～6名がマックスです。

しかも、稼働率100％というのは、基本的に毎日達成できるものではないので、大体80％くらいの稼働率で考えるとすると、5名×80％＝4名です。月に22日稼働した場合、88名のお客様をこなせるということになります。

A．単価が1万円であれば、88万円の売上
B．単価が7000円であれば、61万円強の売上
C．単価が5000円であれば、44万円の売上

となります。稼働率をもっと現実的に見て60％にしてみると、5名×60％＝3名です。月に22日稼働した場合、月に66名のお客様をこなせます。

D．単価が1万円であれば、66万円の売上
E．単価が7000円であれば、46万円強の売上
F．単価が5000円であれば、33万円の売上です。

60分の施術で1万円とれるようであれば、高単価なサロンといえるでしょう。リラクゼーションサロンでいうと10分1000円が平均的なので、60分1万円だと10分1666円となり、平均を大きく上回る単価です。

C、E、Fを見ると、労働の対価にしては売上が低いと思います。8時間×22日＝月176時間の労働で、例えば20万円の給与だとすると、その1・5倍～2倍程度しか売り上げていません。20万円の給与で、売上が40万円だと、50％が人件費となります。次項でもお伝えするように、給与の3倍は売上をつくりたいので、半分が人件費というのは売上が低いといえます。そうすると必然的に稼働率を上げるか、単価を上げるかでA、B、Dのどれかをとらなければなりません。

このように数字で捉えると、どれだけ単価が大事か、今やっている施術が安いのか高いのかも見えてきます。

3 損益分岐点を知っておこう

●経営には毎月かかるコストがある

損益分岐点とは、簡単にいうと、**黒字になるか、ならないかの分かれ目**です。損益分岐点を超える売上高なら利益になり、下回れば損ということです。

サロン運営には毎月必ず**運営費用（コスト）**がかかります。具体的には、家賃・光熱費、人件費、広告費、材料費、支払い手数料、雑費等の支出などです。その毎月のコストがいくらかかっていて、どのくらい売上を上げれば黒字になるのかを知っておく必要があります。

例えば、毎月のコストが100万円かかっているとします。ですが、それを知らずに70万円の売上目標設定にしていたら、いくら目標を達成しても、毎月30万円、年間で360万円の赤字になってしまいます。

100万円コストがかかっている場合、最低120万円の目標を設定し、それを達成できれば、毎月20万円、年間140万円の黒字となります（実際には、ここからさらに税金の支払いや借入の返済などがあるので、これでも大きな黒字とは言いがたいと思います）。

個人事業主の場合、税金上では給与という概念がなく、売上からコストを引いた分が自分の所得となります。そのため、コストの計算は概算で自分の給与も入れておき、目標設定することをおすすめします。コストには**固定費**と**変動費**があります（左ページ参照）。予測値になるものもありますが、運営をしていくと概算が見えてきます。

経営の利益は「年間」で見ることが基本です。結果的に、年間でどのくらいのコストがかかり、どのくらいの利益が出たかを見ます。年間利益を出すには、毎月のコストで無駄にかかっている部分は削らないといけませんが、お客様にとって体感が変わるもの（商材やタオルなど）に関しては慎重になるべきです。

例えば、広告費は、新規のお客様が来なくても経営が成り立つかを見る必要があります。まだオープンして間もなく、広告なしにはお客様に知ってもらえないとなると広告費が必要になります。しかし、1名の技術者に対して、単価1万円のリピーター様が毎月60名以上ついているのであれば、もう新規の広告は必要ありません。

コストパーセンテージの考え方

1人の売上60万円×2名の売上の場合

・税込計算
・小数点0.5から繰り下げ

1,200,000円	**100%**	**売上**	
150,000円	12%	家賃・光熱費	固定費
500,000円	42%	人件費	固定費
100,000円	8%	材料仕入れ	変動費
200,000円	17%	広告	固定費
50,000円	4%	その他・手数料、雑費等	変動費
1,000,000円	**83%**	**計コスト（損益分岐点）**	
200,000円	**17%**	**営業利益**	

さらにここから消費税や借入返済があると……

70,000円	6%	消費税
100,000円	8%	借入返済
30,00円	**3%**	**残金キャッシュ**

※会社であれば、さらに法人税等の課税がされる

POINT

コストは、固定費と変動費の2つに分けられる。変動費は、商材やクレジットカードの手数料等の使用分など、売上の増減で変わるコスト。固定費は基本的に毎月変動しないコストのこと。少し多めにコストを見積もって、目標を立てよう。

4 売上目標の設定の仕方

●目標は「コスト＋20％以上」が目安

売上目標の設定の仕方はさまざまです。

・損益分岐点から考える売上目標設定

業種にもよりますが、年間の営業利益は一般的に10％以上出ると優良企業といわれています。当店の場合はサロンごとの営業利益は20％以上を目標にしています。例えば、損益分岐点が100万円だとすると120万円の売上目標の設定です。

一人サロンであれば損益分岐点が100万円というのは現実的ではないので、仮に50万円だとすると50万円×1・2＝60万円が目標です。

繁忙期や閑散期で変わりますが、最低でも損益分岐点以上の目標設定が必要です。110％～200％で設定するといいでしょう。

・時給換算で考える目標設定

一般的に、給与の3倍売上があると会社の利益が出るといわれています。仮に、わかりやすく時給を1000円として換算してみましょう。それを3倍にすると、売上目標の1時間あたりの単価は3000円となります。

その人が月に200時間（休憩含む）働くとすると、月の売上目標は200時間×3000円＝60万円です。繁忙期や閑散期などに合わせて、時給換算の2・5倍～最大5倍、時給1000円であれば、1時間あたり2500円～5000円で売上目標を計算します。

では、1人60万円を売り上げるにはどうしたらいいでしょうか？　仮に1名のお客様単価が5000円だったとします。そうすると60万円売り上げるには、60万円÷5000円＝120名のお客様をこなして、売り上げることになります。

120名のお客様1名あたりにかかる時間が、仮にインターバル（次のお客様の準備時間）を合わせて90分かかるとします。

そして、稼働時間が1日8時間（休憩入れて9時間）で22日だとします。そうすると、120名÷22日＝約5・5名のお客様を1日こなすことになります。90分×5・5名＝495分、1日約8・2時間の稼働をしなければ

60万円の売上達成ができないことになります。

これは22日間絶えず5・5名のお客様をこなし、休憩以外の時間は22日間みっちり施術して初めて達成できます。自分の体力が続くかどうか、お客様の予約が常に入るかどうかもわからず、現実的ではないですね。それを考えると、**お客様単価を上げるか、1人のお客様あたりの稼働時間を下げるかしかありません**。

仮に単価を上げて、単価1万円で月の売上60万円を達成しようとすると、半分の稼働で済みます。1日にこなすお客様数は2・7名、1日の稼働時間は約4・1時間となります。単価が1万円であれば、1日2名～3名のお客様をこなせば達成できるのです。これなら目指せそうな目標ですね。

あるいは、お客様1人あたりの稼働時間を下げ、90分を半分の45分に設定すると、単価1万円と同じ稼働時間3・7時間で月120名のお客様をこなせば達成できることになります。

ちなみにこの換算方法は物販などを入れていません。それらを含めて売上目標を設定すると、さらに少ない稼働時間で売上目標を達成できる可能性が期待できます

1人で売上月100万円・利益60万円 達成の2パターン

×

客単価	5,000円
施術人数	200名
1人の施術時間	90分
月出勤数	25日
1日労働時間	12時間
月労働時間	300時間
利益時給換算	2,000円

- プライベートの時間はほとんどとれない
- 頑張った割に時給換算が低い

○

客単価	10,000円
施術人数	100名
1人の施術時間	120分
月出勤数	22日
1日労働時間	9時間
月労働時間	200時間
利益時給換算	3,000円

- プライベートの時間もとれる
- 時給換算も良い

5 コストはパーセンテージで考える

●実は見落としがちなパーセント

損益分岐点で売上目標を設定し、営業利益の結果が出た際に一番大事なものは、売上のうちコストが占める割合＝**コストパーセンテージ**です。

美容業界の大半は人件費が占めているといわれています。業界全体の指標としてはコストの50％が人件費です。

売上目標を設定するとき、本来は給与の3倍の売上がないといけないと前項でお伝えしました。そうすると20万円の人件費に対して3倍の売上の60万円であれば、人件比率は約33％ですが、人件費には他にも保険や交通費など付帯するものがあります。そのため、諸々すべてを含んで、**年間を通して、売上に対する人権比率を50％以下にする**のを目標にしていきます。

そして、人件費以外のコストパーセンテージも重要です。例えば、ネットやチラシの広告でお客様を集めないといけないとなると広告費用がかかります。売上目標に対してどのくらいの広告費が妥当かというと、当店の場合は10％～20％を指標としています。

今はSNSで無料広告も打てるので、それらを活用しながら、地元の方や周辺で働いている方などにサロンの存在を知ってもらうよう広告を出しましょう。

●コストパーセンテージは年間で見直す

1年間の収支の実績を見て、何のコストパーセンテージが高かったのかを確認しましょう。

計算方法は、**コスト÷売上×100**です。

左ページの計算例は①のコストに対して売上を60万円にした場合（②）の計算例です。一番多い人件費が約40％になり、バランスの悪くない収支実績になりました。さらに売上が上がると、当然すべての％が下がり、利益の％が上がります。

例えば、これが広告費が売上に対して30％以上になると広告費過多、人件費が60％以上になっていると人件費過多と判断できるわけです。

なお、物販は正規値段の4割～6割で仕入れるので、物販の売上が入ると商材費が上がります。

コストパーセンテージの考え方

❶ 1名のサロン／月／コスト合計に対しての％

家賃 10 万円
光熱費 2 万円
広告費 10 万円
商材費 2 万円
消耗品 1 万円
人件費 25 万円（交通費や保険等含む）

合計　50 万円

❷ 売上 60 万円にした場合
1名のサロン／月／売上に対しての％（0.5 以下繰り下げ）

家賃 10 万円	17％	
光熱費 2 万円	3％	
広告費 10 万円	17％	
商材費 2 万円	3％	
消耗品 1 万円	2％	
人件費 25 万円	42％	（交通費や保険等含む）
売上	**60 万円**	
営業利益	**10 万円 17％**	

6 お金の管理① 現金

●基本の「見えるお金」の管理

経営において、お金の管理は必須です。実際のお金はもちろん、発注、在庫、棚卸しなどもお金の管理のひとつです。まずは実際の見えるお金の管理です。

・レジ金の管理

レジ金の管理はいたってシンプルです。レジ台を使い、おつりを用意します。おつりは一人サロンであれば、2万円~3万円ほどでしょう。お客様への商品の料金設定によって1円~5000円の小銭やお札を準備します。毎日売り上げた現金を売上用の別封筒などに入れて、残った現金のおつりが元の金額と合っているか確認をします。別封筒の売上に関しては、防犯の関係でできるだけ貯めずに、銀行に預けましょう。

・小口現金の管理

小口現金とは、日々の業務で発生する備品や消耗品などのコストに備えて準備しておく現金のことです。

小口現金の管理の方法はさまざまありますが、簡単なものでは、毎月の売上から1万円だけ小口現金用にとっておいて、その1万円で買い物をする方法があります。余った現金は次月に銀行に預け入れ、またその月の分は売上からとっておく……という管理を繰り返します。

「小口ノート」をつくり、小口現金で買った分のレシートを貼って、結果的に1万円のうち、その月でいくら使ったのかを一目で見られるようにしておきます。

・通帳の管理

個人サロンではプライベートの通帳とサロンの通帳を一緒にしている場合も多いですが、完全に分けたほうがいいでしょう。普段の取引先の銀行や、サロンの近くの銀行で、サロン名が入った事業用の通帳をつくれるか聞いてみましょう。法人化した場合も同様です。

ただ、銀行によっては審査が厳しい場合もあります。そういったときは個人通帳をもう1つつくり、サロン事業用にして、売上やコストの管理をするといいでしょう。これにより、実際のコストなどが見やすくなります。

現金の管理方法

レジ

レジ中

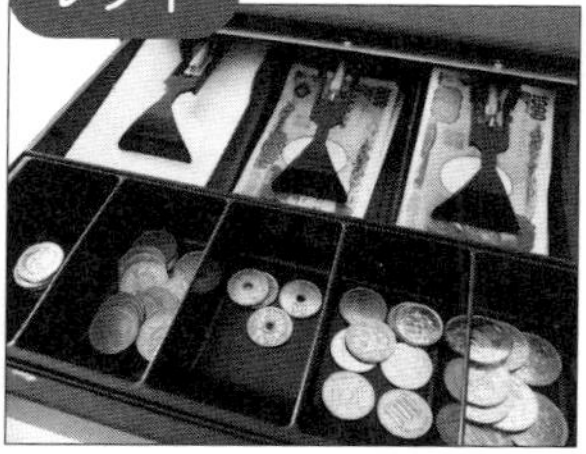

売上を入れる封筒

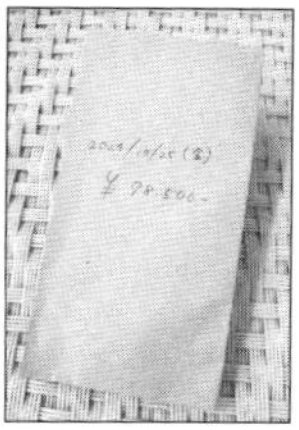

小口ノート

日付	支払先	品名	収入	支出	残金	担当
2/2		繰越	17,888		17,888	
2/2		ゴミ袋		110	¥17,778	森川
2/5		薬用泡ハンドソープ、食器用洗剤詰め替え　ト		840	¥16,938	森川
2/7		紙袋、ポリ袋×2、両面テープ、ギフトシー、マ		1430	¥15,508	
2/10		2/10現金売上から20,000円小口	20000		¥35,508	
2/14		ハワイアンハーブティー +振込手数料380円		12988	¥22,520	高橋
2/15		トイレットペーパー、キッチンタオル		841	¥21,679	入江
2/19		硬化ケース、ウェットシート、コースター２個		990	¥20,689	奥山
2/19		ハンドソープ、コースター×３		325	¥20,364	奥山
2/19		2/17現金売上から10,000円小口	10000		¥30,364	奥山
2/26		ハンドソープ		217	¥30,147	高橋
2/27		ハンドソープ		415	¥29,732	森川

小口レシート

7 お金の管理② 在庫

おろそかにしがちな在庫管理を徹底する

在庫管理は、意外にできていないサロンが多いものです。当店では、Googleドライブを使ってオリジナルの在庫管理システムをつくり、棚卸しまでできるようにしています。商材をまったく使用しないサロンであれば別ですが、エステやリラク、まつ毛やネイル、美容院などはそれなりに商材を使用しています。

この在庫管理をおろそかにしてしまうと、思った以上に商材の減りが早くなっていたり、在庫過多になっているのに発注しすぎてしまったりと良いことがありません。**在庫管理は、お客様の需要があるかどうかの指標**にもなります。前の月で、どの商材がたくさんなくなり、どの商材を消費していないのかを見ることで、お客様のニーズがわかり、使用していない在庫の供給をどうするかを考えることができます。

当店でも以前は、顧客管理や在庫管理までできる高額なシステムを入れていましたが、在庫管理のやり方が非常に複雑だったため、今は私自身が開発した簡単でわかりやすい在庫管理で、誰でもできるものになっています。

在庫管理の考え方は、商品を消費したときにはマイナスにして、商品を購入したときにはプラスし、その在庫が今どのくらい残っているかという単純な足し算引き算です。ここで大事なのが、「**1回の施術で、お客様にどのくらいの商材を使用するか**」です。この目安がないと、在庫管理をしても、「なんか減っているなあ」程度で意味をなしません。当店では、「1ℓで約1万円のオイルに対して、お客様を50名施術できる」などの指標があり、オイルの使用量の目安もすべて決まっています。そして、いずれも原価率を計算し、1名のお客様に350円前後、売上に対して4％未満のオイル料金という指標を設けています。在庫管理をした際に、その指標を記入する別シートがあり、毎月チェックしています。あまりにもオーバーしていたら、スタッフが使いすぎているので、指導が必要といった目安となります。

棚卸しに関しても、ベッド1台10万円以下の目安を設け、それ以上は在庫過多という指標にしています。

在庫管理等を社内サイトの制作で完結

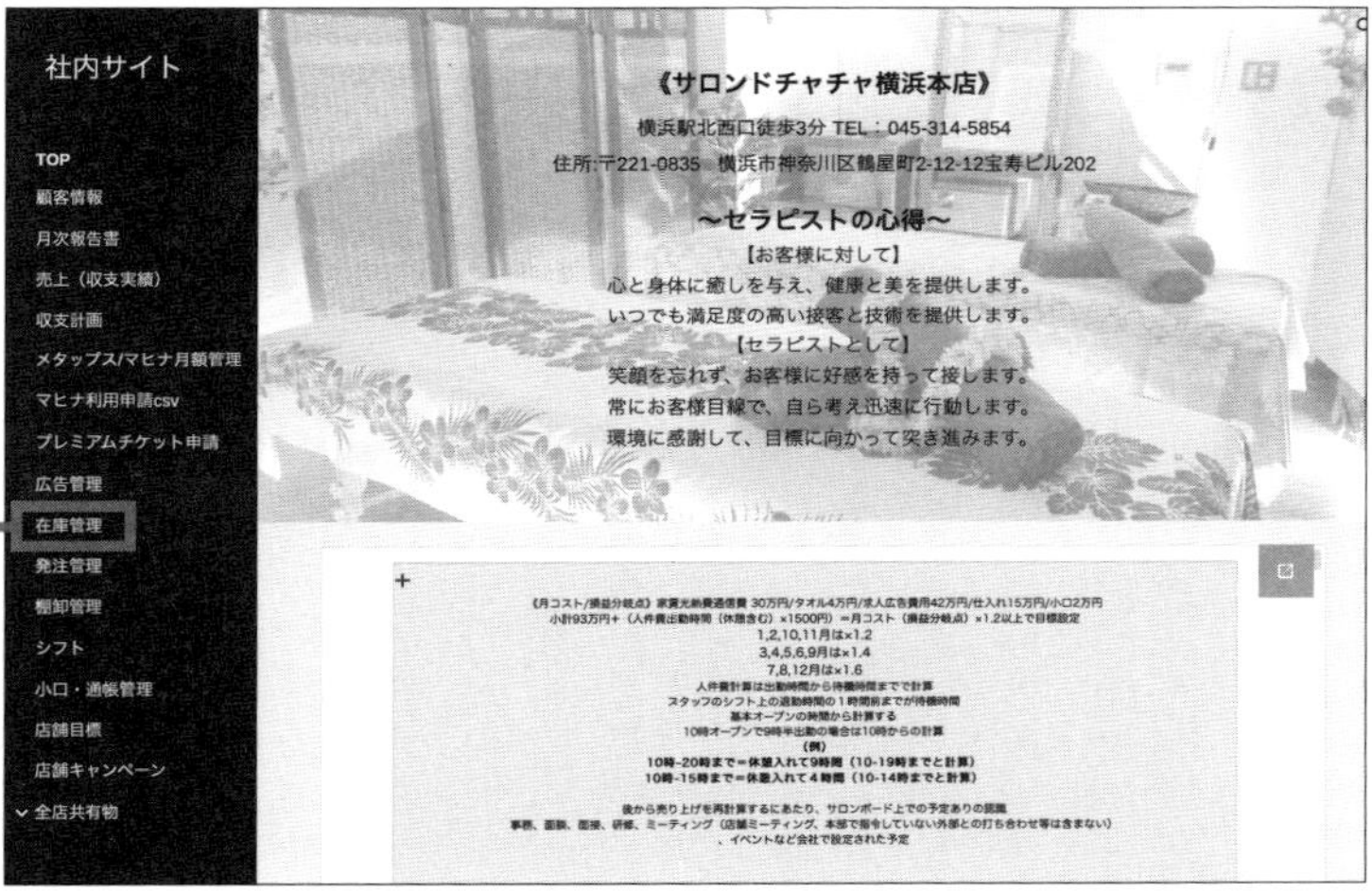

毎日、商品が出たものを数字入力するだけで自動で在庫数がわかる

8 お金の管理③ 確定申告・収支実績表・キャッシュフロー

確定申告は避けては通れない

確定申告を怠ると、重い罰則もあるので、毎年必ず行ないましょう。

個人事業は、1月から12月までを起算とした確定申告を、翌年2月16日から3月15日までに行ないます。帳簿づけや確定申告を行なう際は、税理士さんに頼むのもいいですが、一度、自分でやってみるのも経験になるのでおすすめです。

とはいえ、専門的なことはわからないし、自分1人では不安……という方は近くの**税務署で相談しましょう。****国税庁のホームページ**から相談窓口にアクセスし、何をどうやればいいかなど、直接聞いてみるといいと思います。私自身も自分で確定申告をした際に、直接足を運んで相談をしに行ったら、丁寧に教えていただいた記憶があります。

これが会社の決算となると、申告の締め日や役員報酬等など設立にあたっての決めごとから決算申告まで、個人事業主よりも格段に複雑で大変になります。決算書を自分でつくるのはなかなか困難なものになるので、税理士さんにお任せするようにしましょう。

利益の見方とキャッシュフロー

当店では、お金の計画のときに使う「**収支計画表**」と実際の利益を見る「**収支実績表**」があり、それぞれを使い分けています。収支実績表は、利益が出ているのか、何にお金がかかっているのかを一目で見ることができる表です。

キャッシュフローはお金の流れです。手元に現金がどのくらい残るのかを見ていきます。

収支実績表とキャッシュフローは数字でしか表されていません。数字が苦手な人だと、見方を理解するまでは拒否反応が出てしまうかもしれません。しかし、事業計画やお金の流れを見るのに、これがないと赤字なのか黒字なのかすらわからなくなります。

サロンを運営していくうえで、数字を見ることは絶対必要です。徐々に見慣れていくことで理解できるようになります。

収支実績表（収支計画表）の例

●施術ベッド２台が置けるテナントで、徐々にスタッフを雇用。その分、広告費もプラスしている。

●キャッシュフローは年間売上から６％税金分引いたもの。税金に関しては、サロン事業の状況（会社なのか、創業仕立てなのか、個人なのか等）によって変わる。

１年目

1年目	1月	2月	3月	4月	5月	6月
技術者人数	1	1	1	2	2	2
1人の技術者売上	500,000	600,000	700,000	500,000	550,000	600,000
客単価	10,000	10,000	10,000	10,000	10,000	10,000
総客数	50	60	70	100	110	120
売上	500,000	600,000	700,000	1,000,000	1,100,000	1,200,000
家賃光熱費	150,000	150,000	150,000	150,000	150,000	150,000
人件費	250,000	250,000	250,000	500,000	500,000	500,000
仕入れ	40,000	48,000	56,000	80,000	88,000	96,000
広告費	100,000	100,000	150,000	150,000	200,000	200,000
その他	25,000	30,000	35,000	50,000	55,000	60,000
合計経費	565,000	578,000	641,000	930,000	993,000	1,006,000
営業利益	-65,000	22,000	59,000	70,000	107,000	194,000
借入返済	-100,000	-100,000	-100,000	-100,000	-100,000	-100,000
キャッシュフロー	-165,000	-243,000	-284,000	-314,000	-307,000	-213,000

7月	8月	9月	10月	11月	12月	年間	年間	
2	2	2	2	3	3		売上比率:%	技術者人数
600,000	650,000	650,000	700,000	550,000	600,000			1人の技術者売上
10,000	10,000	10,000	10,000	10,000	10,000			客単価
120	130	130	140	165	180	1,375		総客数
1,200,000	1,300,000	1,300,000	1,400,000	1,650,000	1,800,000	13,750,000	100%	売上
150,000	150,000	150,000	150,000	150,000	150,000	1,800,000	13%	家賃光熱費
500,000	500,000	500,000	500,000	750,000	750,000	5,750,000	42%	人件費
96,000	104,000	104,000	112,000	132,000	144,000	1,100,000	8%	仕入れ
200,000	200,000	200,000	200,000	300,000	300,000	2,300,000	17%	広告費
60,000	65,000	65,000	70,000	82,500	90,000	687,500	5%	その他
1,006,000	1,019,000	1,019,000	1,032,000	1,414,500	1,434,000	11,637,500	84.6%	合計経費
194,000	281,000	281,000	368,000	235,500	366,000	2,112,500	15.4%	営業利益
-100,000	-100,000	-100,000	-100,000	-100,000	-100,000	-1,200,000	-8.7%	借入返済
-119,000	62,000	243,000	511,000	646,500	912,500	87,500	0.6%	キャッシュフロー

２年目

2年目	1月	2月	3月	4月	5月	6月
技術者人数	3	3	3	3	3	3
1人の技術者売上	600,000	600,000	600,000	650,000	650,000	650,000
客単価	10,000	10,000	10,000	10,000	10,000	10,000
総客数	180	180	180	195	195	195
売上	1,800,000	1,800,000	1,800,000	1,950,000	1,950,000	1,950,000
家賃光熱費	150,000	150,000	150,000	150,000	150,000	150,000
人件費	750,000	750,000	750,000	750,000	750,000	750,000
仕入れ	144,000	144,000	144,000	156,000	156,000	156,000
広告費	300,000	300,000	350,000	350,000	350,000	350,000
その他	90,000	90,000	90,000	97,500	97,500	97,500
合計経費	1,434,000	1,434,000	1,484,000	1,503,500	1,503,500	1,503,500
営業利益	366,000	366,000	316,000	446,500	446,500	446,500
借入返済	-100,000	-100,000	-100,000	-100,000	-100,000	-100,000
キャッシュフロー	353,500	619,500	835,500	1,182,000	1,528,500	1,875,000

7月	8月	9月	10月	11月	12月	年間	年間	
3	3	3	3	3	3		売上比率:%	技術者人数
650,000	650,000	650,000	700,000	700,000	700,000			1人の技術者売上
10,000	10,000	10,000	10,000	10,000	10,000			客単価
195	195	195	210	210	210	2,340		総客数
1,950,000	1,950,000	1,950,000	2,100,000	2,100,000	2,100,000	23,400,000	100%	売上
150,000	150,000	150,000	150,000	150,000	150,000	1,800,000	8%	家賃光熱費
750,000	750,000	750,000	750,000	750,000	750,000	9,000,000	38%	人件費
156,000	156,000	156,000	168,000	168,000	168,000	1,872,000	8%	仕入れ
350,000	350,000	350,000	400,000	400,000	400,000	4,250,000	18%	広告費
97,500	97,500	97,500	105,000	105,000	105,000	1,170,000	5%	その他
1,503,500	1,503,500	1,503,500	1,573,000	1,573,000	1,573,000	18,092,000	77.3%	合計経費
446,500	446,500	446,500	527,000	527,000	527,000	5,308,000	22.7%	営業利益
-100,000	-100,000	-100,000	-100,000	-100,000	-100,000	-1,200,000	-5.1%	借入返済
2,221,500	2,568,000	2,914,500	3,341,500	3,768,500	4,195,500	2,791,500	11.9%	キャッシュフロー

COLUMN ⑦

技術へのこだわりと売上のバランス

サロン開業のスタイルはさまざまですが、自分が技術者としてサロンを開業した場合、職人としていろいろなこだわりが出てきやすいものです。

私自身も開業当初は自分が技術者で、「お客様をただただ喜ばせたい！」「自分の理想のサロンをつくりたい！」という想いで、サロンを経営していました。身体に対しての感覚をとぎすませ、どのように施術したら良い結果が出るかを必死に研究し、開発もしてきました。

しかし、当初の私は経営に無頓着。広告会社の担当者が言っていることの意味もほぼ理解できず、まったくの無知でした。

そして、「技術が一番！」と思っていたので、スタッフを雇った際には、売上や教育などの知識がなく、さまざまな壁を乗り越えなければなりませんでした。

技術者は「技術が一番！」と思いがちですが、たくさんのお客様が通い続け、繁盛しているサロンは、技術だけを提供して売上を伸ばしてきたわけではありません。

お客様への伝え方や単価アップの仕方、お客様に通ってもらうためのしくみやブランディングなど、さまざまな“地固め”をしてきたことが、お客様が途切れない理由になっているのです。

技術者は、技術だけでお客様に来てもらい、技術だけで売上を伸ばす！と思ってしまいがちですが、自分の持つこだわりの視野を広げ、知識の幅を経営の観点にまで広げていきましょう。

第8章

壁を乗り越えて成長しよう！サロン開業のよくある失敗

1 学んでも学んでも自信がつかない……

●大丈夫、あなたはちゃんと学んでいる

サロンを開業しても、自信がないという方は少なくありません。自信には3つの過程が必要です。

①惜しみない努力……自信に根拠はいらないという人もいます。根拠がない自信も根拠がある自信も、どちらが正しいということはありません。

でも、根拠がないと自信が持てないという人もいます。技術に自信がない人は、友達や家族に自分の技術を披露して、〝本音の感想〟を聞いてください。そして、自分が納得するまで、その技術を磨きましょう。近くにいる人が最高だったと評価してくれるようになれば自信がつきますし、問題点があれば、どのように改善していくか考え、惜しみなく努力していきましょう。

②惜しみない行動……悩めば悩むほど、人は動けなくなるといいます。まずは、行動してみましょう！　不安なことは全部調べて解消するなど、どんどん行動を積み重ねていってください。

不安は大抵、「わからない」ことがあると発生します。理解したり、一度経験してしまえば不安も消え、その行動が経験になっていくのです。

③絶え間ない経験……今まで技術者として教えられた技術や接客など、サロンで絶え間なく積み重ねてきた経験を改めて思い出してみましょう。そうすると改めて自分の改善点や、やるべきことが見えてきます。そして、行動をし続けて経験値を上げていきましょう。

学んだことはアウトプットしないと忘れてしまうものです。でも、経験したことはなかなか忘れません。私自身、思い切って開業したあとも、これでいいのかと模索しながら行動してきました。失敗もたくさんしてきました。ですが、失敗してもまたやり直せばいいのです。

それでも悩んで立ち止まってしまったときには、具体的に何に悩んでいるかを自分自身に尋ねるようにしていました。悩みをなるべく細かく砕いていって、わからないことを一つひとつ調べたり、人に相談したりと行動しているうちに、悩みが解決し、自信を持って前に進めるようになるのです。

あなたの学びは自信につながる

惜しみない努力

×

惜しみない行動

×

絶え間ない経験

＝

自信！

POINT

「習うより慣れろ」「百聞は一見にしかず」「案ずるより産むが易し」ということわざがあるように、いくらインプットしても、結局やってみなければわからないし、身にならない。

命がある限り、人は挑戦と失敗を繰り返すもの。

「失敗も含む経験値は人生の財産」と捉えよう！

2 計画しすぎて行動に移せない……

●結局、行動しなければ紙切れの計画に

ここまで、サロン開業を成功させるためのノウハウをいろいろとお伝えしてきました。サロンの内装やメニューを考えたり、経営計画を立てるのが楽しくなってきた頃、よく陥る失敗が**あまりにこだわりすぎるために、一歩も動けなくなってしまう**こと。

事業計画書をつくり込むあまり、これだと数字が現実的でないか？　もっと良い表現や見せ方があるのではないか？　など、修正に時間がかかり、結局何も進んでいない……ということは、こだわり派の人によくある失敗例です。

もちろん、計画を立てるのはとても大事なことですが、**実際に100％その通りにいく計画というのは存在しません**。目標を設定したら、すぐに行動。行動の結果を修正して、また行動。ただ、これを繰り返すだけです。

あくまでも軌道修正をするための計画や目標だということを忘れずに、計画に時間を費やすのはほどほどにして、まずは歩みを進めましょう。

計画も行動のうちですが、サロン開業はもちろん、開業後の計画も必ず期限や時期を決めて動くようにしていきましょう。

自分だけで動くのが苦手という人は**人を巻き込み、期限を設ける**ことで必然的に動かざるをえない状況を自らつくってしまいましょう。

例えば、開業なら物件を決めたり、開業後であれば、計画したキャンペーン内容をお客様に「○月○日からスタートします」と告知することで、やらざるをえない状況になります。

「この道に行ったら失敗が怖いかも……」と考えるのではなく、「どの道に行っても失敗はそれなりにある」と考えたほうが気が楽です。

人はやったことよりもやらなかったことのほうが後悔するともいわれています。それが人を傷つけるなどの悪事的なことではない限り、自分が「やりたい！」と思ったことは一度きりの人生でやってみるべきなのです。

夢を夢のままで終わらせないために

「まだ、ここが足りない……」
「もし、こうなったら……」
「ここはこれでいいのかな……」
「ちょっとイメージが違う……」

３年経過しても、
ずっと計画している……

資料だけが増えていき、実際は何も進まない

POINT

- 自分だけで資料をつくらず、
ネットや本で調べたり、人に聞いたりする
- いつまでにやるかなど、期限を決める
- 自分でやらざるをえない状況にして進める

3 数字が苦手で、気づいたら赤字だった……

まずは売上目標を決めることから始めよう

「サロンを開業するために、数字の勉強をします！」という人は少ないと思います。私自身も、数字を勉強してから開業したわけではありません。

ですが、経営はお金を動かすこと。数字の勉強は避けて通れません。

「売上目標はありません」というサロンも中にはありますが、向かう目標がなければ、日々、何をやっていいかもぼんやりしてしまいます。

当店も、開業当初は売上目標がありませんでした。コストについてざっくり理解していても、目標がないと明確にやるべきことが見えず、ただ毎日ひたすらお客様をこなしていくという〝作業〟になってしまっていました。

そこに売上目標があれば、達成するためには何人のお客様をこなして、いくらの単価を目指して、どんな商品をどんな形で販売していくのかを考えるようになります。**そのために、技術と接客力を向上させよう、お客様のためにこんな商品をおすすめしたい、とやるべきことが明確になっていく**のです。

特に一人サロンの場合は、目標を設定していないということも少なくないでしょう。1人でやっていて忙しいし、月ごとの目標設定はしんどい……という方は、せめて年間の売上目標の設定をしておきましょう。1年を通して数字が追いついているかどうかを把握できます。

数字の壁を1つずつ越えていこう

そして収支実績をつけていきますが、そのあともまた数字の壁があります。収支実績表やキャッシュフローなどの見方を理解するまでは、数字への苦手意識が強い人は頭から煙が出るような思いをするかもしれません。それも見方がわかれば、数字拒否の壁は乗り越えられて、明確な問題点も見えてきます。

経営に数字はつきものです。まずは手書きでもいいのでコストの計算をしてみて、サロンにどのくらいの売上が必要かをざっくり理解するところから始めてみるなど、できる範囲からやっていきましょう。

数字が苦手な人は要注意！

- 今月いくら売り上げたのかわからない
- コストもいくら使ったかわからない
- 私物とお店で必要なもののコストがちゃんと分けられていない
- レジのおつり管理が毎日できていない

年間の確定申告で赤字申告……
なんでやっていけているかもわからない状況……

最低ラインのレジ、売上、コストの管理だけは行なおう！

4 広告費をかけすぎてしまった……

広告過多が経営の沼にハマる要因に

広告費は、かけようと思えばいくらでもかけられてしまうものです。

例えば、ホットペッパービューティーの掲載も、月額5万円から60万円以上のプランまであります。60万円の広告をかけるとなれば、売上が100万円あっても、広告比率が60％にもなり利益は出ません。

そして、世の中には本当にさまざまな広告があります。適正な広告を選択していかないと広告費用過多になり、**働いても働いても利益が出ず、広告のために働いているようになってしまいます。**

経営をする中で、集客のために広告をいろいろ試したいという思いはどうしても出てくるものです。費用が適正かをしっかり見たうえで、まずは少ない金額から始めるのがベターです。

適正かどうかを見るポイントは、**今のスタッフの人数に対して適正か**を考えることです。技術者1人が月にいくら売り上げられるのか、お客様数がどのくらい入るのかを見て、広告費過多にならないよう注意しましょう。

相見積もりの重要性

広告をかける際には、相見積もりをとることも必要です。例えば、MEO対策（地図検索で上位を狙うこと）を行なう業者はたくさんありますが、本当に結果が出て、かつ値段が安い業者は数少ないです。

月に3万円～4万円かけても、そこから来るお客様は1件だけ……となると、確実に広告費過多です。新規集客はもちろん大事ですが、広告の種類や値段をしっかり把握したうえで行なうことが大事です。

私もたくさんの広告業者とお付き合いして、成功も失敗もしてきました。一般的なサロンの集客でいうとホットペッパービューティーが一番メジャーですが、それ以外のSNSを含めたネット広告も増えてきています。

常にアンテナを張って情報を更新し、プロの業者のノウハウをうまく使っていくことも大事な経営スキルです。

月に60万円の広告費をかけていたら……

POINT

その後のプランができていないと、その場・そのときだけお客様を集めて、ただこなすための費用になってしまいがち。管理にも時間をとられてムダになる。

5 お客様から辛口の口コミをいただいた……

●口コミから読み解くお客様の本当の気持ち

お客様からの辛口の口コミは、サロンが改善できる最大のチャンスです。真摯に受け止め、どう改善していくかを徹底的に解決に向かいましょう。

技術のことを書かれたら、技術レベルを上げていく、接客のことを書かれたら、どんな接客をしていたかを振り返り改善していくチャンスになります。

ただ、1つ嫌だと思ったら、あれもこれもすべてのことが気になり指摘してくるお客様もいます。その際、何がきっかけだったのかを検討することが大切です。

特に「接客が嫌だった」というのは、その他のことも気になってしまいがちです。技術者の誘導が甘かったり、戸惑いながら接客をしていたり、自信なさそうに対応していたりすると、接客以外のこともクレームになりやすくなります。

もちろん自信満々で勧誘がきつすぎたり、断っても断ってもクロージングをするというのもクレームにつながりますが、そうでない限りはプロとして自信を持って接客することが、お客様の満足度につながります。

万が一、辛口の口コミがきた場合は見ないふりをしたくなる気持ちもわかりますが、必ずきちんと対応しましょう。お客様の気持ちにまずは寄り添い、嫌な気持ちにさせてしまったことに対して共感し、謝罪と改善の意思を示していくことが大切です。

辛口の口コミやクレームは、大切なお客様のご意見。 勇気を持って対応しましょう。せっかくご意見を言ってくださったのに、そのお客様には二度と来てもらいたくないなんて発想はもってのほかです。

わざわざ言ってくださるお客様は、他のお客様が「思っているけど言えないこと」も言ってくれているかもしれません。「その人だけの意見だから関係ない」とは思わずに、まずはいったん受け止めて、改善できる要素を探しましょう。

サロンのアイデンティティは、サロン自体だけではなく、お客様側からの視点でも成り立っているということをしっかり理解することが大切です。

クレーム・辛口の口コミには改善あるのみ！

クレームが来てしまった……
サイトにネガティブな口コミをされてしまった……

すぐに対応しよう！

理由はなんであれ、まずはお客様を不快な気持ちにさせてしまったことにお詫びをすること。

落ち込んでいる暇はない！

接客や技術の改善あるのみ。

【注意！】
返金や金銭を求めてくるお客様に対して、すぐに対応するのは要注意。金銭の要求は脅しにあたる場合も。理由をしっかり見極めて、その場での判断は絶対にしないようにしよう。

POINT

すべてのお客様に100％満足していただけるということはなかなかない。改善の努力はもちろん必要だが、そこで落ち込んで自信を失う必要も暇もない！

6 スタッフとの間に溝ができてしまった……

スタッフとの関係性が保てなかったら

スタッフは安心して働ける場所があるから、メンタルも安定するものです。オーナーが忙しいという理由でコミュニケーション不足になってスタッフの心が離れてしまったり、逆にやめてほしくないばかりにコミュニケーションをとりすぎて距離が保てなくなったり、スタッフの言いなりになってしまって、意を決して提案を拒否したら逆上されてしまったり……。スタッフとオーナー間では、意識の向く方向が一緒になっていないと溝が生まれやすく、それをきっかけに「じゃあ、辞めます」と簡単に言われてしまうこともあります。

ある大手エステサロンでは1年に1000人入社して、1年に1000人辞めるという情報もあります。

スタッフが辞めてしまう理由

これまでスタッフが辞めるという経験は何度となくしていますが、やはり一緒にやってきたスタッフがチームから離脱するのはとても心苦しいもの。それでもやりたいことがあったり、スタッフがここには居場所がないと感じてしまうのであれば仕方のないことです。

ただ、サロン業界は人が辞めてしまうリスクが高い業界であるとも感じています。なぜだろうと分析してみた結果、**①給与が低い、②感情に波のある人が多い、③肉体労働で身体が疲れる、④結婚・出産・育児等で離脱しやすい、⑤独立志向が高い**ということが考えられました。

サロン業界は「好き」を仕事にしている人がほとんどです。私自身、理屈よりも感覚を大事にして、自分の人生の道を切り開いてきました。人によってその感覚はまちまちですが、一歩間違えると感情的になり、自分をコントロールできなくなります。

肉体労働の割には給与がなかなか高くならないこの業界は、そんな感覚派の人の感情を揺さぶり、違うお店を転々とするケースも少なくありません。あるいは業界から離脱する人も多いのが現状です。

一方で、サロンで独立したいと思う人もたくさんいます。独立志向が高いということは、自分の技術をとにかく磨きたいと思う人が多く、このサロンではもう技術が学べないかなと思った瞬間、別のお店に移ろうと自分の道を選択するケースも少なくありません。

また、そんな職人肌の人が多いので、経営という自覚なく人を雇用して、うまく人を扱えないこともよくある失敗です。そういった理由で、サロン業界ではなかなか人が定着しないのです。

スタッフには、**1つのサロンで長く働く意味**を教えることも大事だと私は考えています。サロンに通うお客様の変化は1年やそこらではわかりません。暗い表情だったお顔のお客様が3年かけてきれいになり、人生が楽しくなっていくことを見届けられるのが、サロンの仕事です。その人の人生を見届けられる喜びは、近い距離で接客する業界ならではのメリットです。

それでも辞めていくスタッフはいて、寂しい想いもしますが、頑張ってくれたスタッフとは良い関係性のまま付き合いを続けることもあります。実際、今ではママ友の元スタッフや、独立しても連絡を取り合う元スタッフもいます。スタッフを雇うということは、いずれ辞めてしまうかもしれないという覚悟も必要ですが、人間として良い関係を築いていければ人生を通して素敵な関係でいられるはずです。

スタッフの感情を受け止める心構えも必要

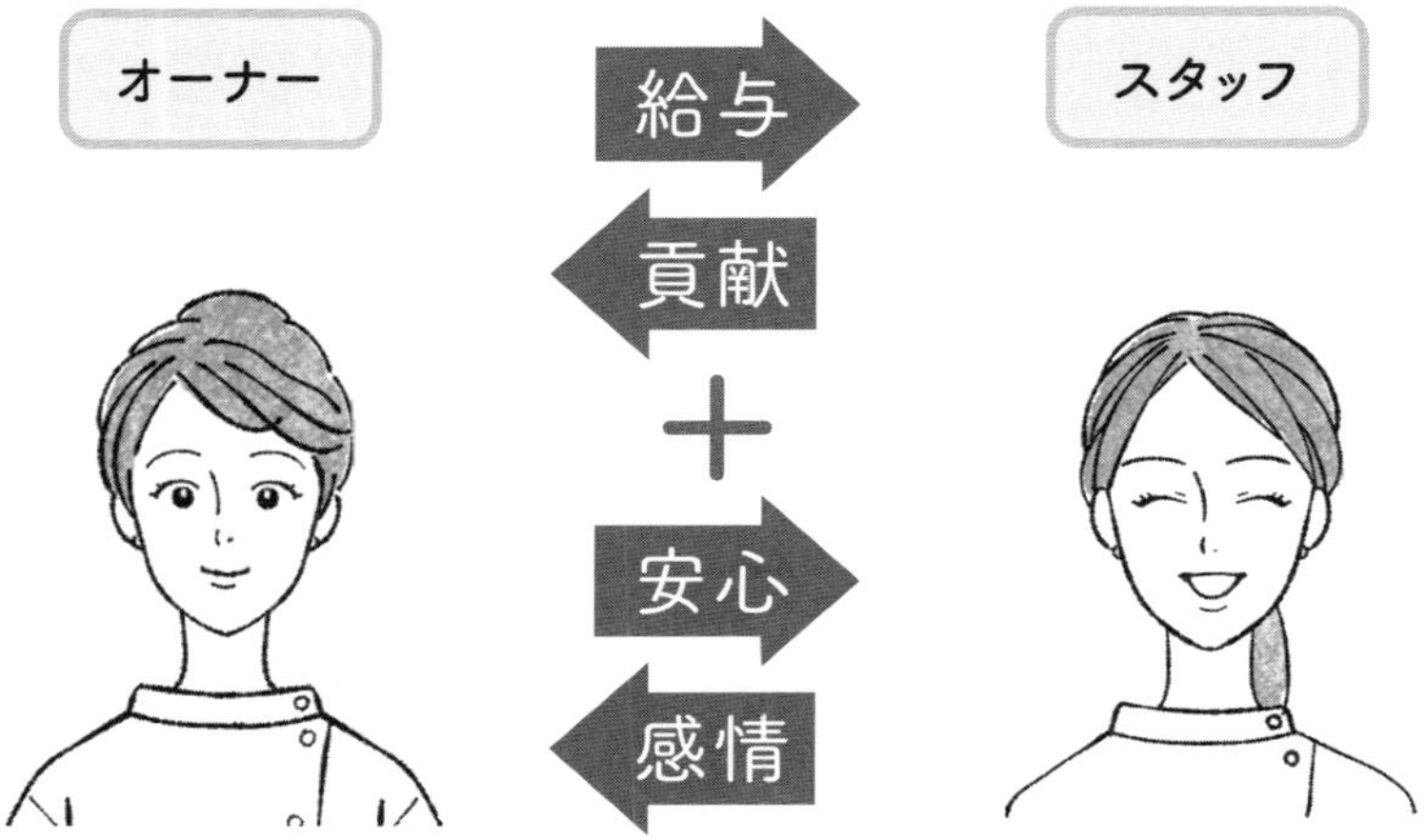

7 自分メンテナンスを怠ってしまいがち……

●サロン経営は自分の身体が資本

オーナー自身のメンテナンスは一番大事といっても過言ではありません。なぜなら、小さいサロンであればあるほどオーナーの影響力は強く、自分が施術に入っているのであれば稼ぎ頭ですから、なおさらです。

何より、お客様を元気にする仕事なので、自分が元気でいることが大事なのです。「元気」というのは「元の気」、つまり、自分の心身に何かあったときに元に戻せる術を知っておくということが必要です。

とはいえ人間なので、プライベートも含めて心身ともに常に同じ状態に保てるということはできません。体調やメンタルを崩してしまう前に、さまざまな対処方法を知っておきましょう。

・週に1回以上はちゃんと休みの日をつくる

いくら忙しくても、必ず週に1回以上は仕事を入れない日をつくる！　と自分でルール化しましょう。

・問題点と解決方法を探る

起きた出来事を書き出してみて、問題点を細分化し、その解決方法を調べたり、人に聞いてみましょう。

不安なときは原因を探り、何が問題か、それに対して起こりうることを具体的に想定して、本当に不安に思うことか、解決できることを考えます。また、良いエネルギーの人と話したり、異業種交流会などで他の業界の経営者の意見を聞いてみるのも参考になります。

・自分が癒される方法を書き出しておく

例えば、リラックスできるアロマトリートメントなどがおすすめです。女性は特にリンパの流れが滞りやすいといわれています。リンパを流して老廃物を排出させていきましょう。

また、ひたすら寝て脳を休める、太陽を浴びてセロトニンの形成を促すなど、自分が癒される方法を手帳などにメモしておくといいでしょう。

・運動をする

定期的な運動は、身体の健康を保つのに有効です。健康はメンタルにも影響します。身体が資本の業界なので、体力をアップさせることも大切です。週に1回、パーソナルトレーニングに行くだけでも全然違います。

忙しくてジムに通う自信がない人は、今はYouTube等の動画サイトでたくさんの情報がアップされています。自分でもできそう、続けられそうと思った筋トレ映像を見ながら、セルフトレーニングを行なうのもおすすめです。週に1回1時間、1日10分目標など、無理のないタスクにして継続することがポイントです。

・食事をしっかりとる

忙しすぎて食欲がないときもありますよね。そんなときは、適正なサプリメントをとる、野菜ジュースを飲むなど、続けられる範囲で気をつけていきましょう。

私は、平日は基本的に和食にし、土日は何を食べてもOKにするなど、自分でルールを設けています。三日坊主にならないように、ゆるめのルールにしておくのもポイントです。

・健康診断や定期検診に行く

大事になってからでは時すでに遅し。定期的に自分の身体を診てもらうことが大事です。万が一、病気が見つかっても、初期段階であれば大事に至らずに済みます。

一過性のものでは、意味をなしません。自分でゆるく継続できることから始めてみてください。

自分なりのメンテナンス方法を持っておこう

- ☑ 睡眠をとる
- ☑ 運動する
- ☑ 休日をつくる
- ☑ 温泉やサロンに行く
- ☑ ジャンクフードは休みの日だけ

8 共同経営を考えているけれど……

●リスクも知ったうえで検討して

サロン経営の方法のひとつに「**共同経営**」があります。その名の通り、誰かと一緒にサロンを経営していくというものです。権利もお金も分割して経営するのですが、私が見てきた中でいうと、リスクが大きい経営方法だと思います。

共同経営は、出資者に資金を出してもらって開業をするパターンとは違います。出資者がいる場合は、出資者にお金を返していくのか、または売上の何%を渡すのかなどケースバイケースですが、決定権が出資者にあるのか、経営者にあるのかがはっきりしていることが多く、トラブルがないとは言えませんが、そこまでのリスクはありません。

一方、共同経営に関しては、双方で一定ラインの出資をして、売上や利益をほぼ折半にしていくスタイルです。このスタイルにした場合、最初は経営リスクが分割され、気の合う人と一緒に始めるのはやりやすいと感じるかもしれません。しかし後々、経営方法について意見が分かれたときや、どちらか一方が経営を仕切ることになったり、仕事量が不平等だと感じたりした場合、歪みが出てくる可能性が十分考えられます。実際に、私は周りの経営者で共同経営がうまくいったという声はあまり耳にしたことがありません。

実際に共同経営で行なうとなれば、細かく明確に取り決めをしておくほうが後々揉めないで済みます。労働の内容、労働時間の制約の有無、お金の権利、決定権の詳細、経営が失敗したときのリスクと権利、その他、さまざまな予測できるリスクを調べ、専門家に相談したうえで取り決めてから共同経営をすることをおすすめします。

たとえ、共同経営者が家族であっても、です。

「金の切れ目は縁の切れ目」ということわざがあるように、信頼関係を培ってきた人同士でさえ、経営となると違う目線や立場になり、人生を良くも悪くも左右します。ノリで始めてしまう前に、耳の痛いこともきちんと話せる相手なのかなどを見極めることが重要です。

共同経営の注意点

一緒にやろう！
楽しそうだし、リスク分散！

しかし、経営には問題がつきもの

意見が合わないと、冷静に話し合えないことも……

一緒にやっていけないよ

共同経営のリスク分散は、かえって
悪い方向に行くことも……。
元々の仲が良いほど、気をつけて！

9 閉店をするしかなかったら……

閉店する勇気と現実を知ることも必要

私は30店舗以上の出店を経験してきましたが、閉店の経験も何度かあります。お店を閉店するときの規定は特に設けていません。赤字経営だった場合、**どんな内容の赤字か**で閉店するかしないかを決めています。

例えば、スタッフが必要であるにもかかわらず、あまりにもスタッフの応募が来ないエリアで、かつスタッフも継続しないといった理由がある店舗は、瞬間で黒字になったとしても、また赤字が続くといったことを繰り返しがちです。

また、スタッフがいたとしても、お客様の来店がなければ赤字になります。広告をある程度出してもほとんど効果がないエリアであれば、お客様の需要がないエリアだと考えられます。このように、お店側に問題はないのに需要と供給が極端に悪いケースは、閉店したことがありました。

一方、赤字でも閉店しない場合というのは、その赤字の理由が経営的に改善できるか否かで判断します。

例えば、スタッフの育成方法を少し変えるだけで売上が大幅に変動する、広告のかけ方を変えるだけでお客様の数が増えるなどの改善点が見える場合は、黒字になることが見えるので閉店は決断しません。

閉店するのにもお金が必要

閉店は、意外とお金がかかります。物件の種類にもよりますが、テナントや商業施設で改装工事をしている場合、**原状回復**をしなければなりません。

原状回復とは、借りた当初の状態に完全に戻すということです。場合によっては、不動産会社や大家さん指定の工事会社を使わないといけないので、最初に工事したときよりも費用がかさむことも。実際に、店舗移転のため原状回復をしたサロンで40平米の原状回復に２００万円かかったことがありました。

また、もし回数券を販売していたら、お客様に返金しなければなりません。これが50万円だったら、原状回復の２００万円と合わせて２５０万円の出費となります。場合によっては戻ってくるお金もありますが（賃貸借契約時の敷金、サロン内装品をオークション等で販売したお金など）、それが50万円だったとしても相殺して２００万円は閉店時にかかってしまいます。そのお店が年間で10万円ほどの赤字ならば、２００万円の赤字になるまで15年もかかる計算になります。その間に何か改善ができないかという判断も必要になってきます。

　ですが、その判断を誤り、結局20年間赤字のまま閉店したら、結果的に４５０万円のマイナスになってしまうことも考えられます。そのため、閉店を考えたときには**「何か改善できるところはあるか」をいち早く発見することが重要**になります。私は多店舗展開をする中で、他のサロンや業界を見てきましたが、１００％全店黒字というのはなかなかありません。どんなに大手チェーンだとしても最低でも1店舗は赤字の店舗があり、しかるべきタイミングで経営判断をしています。

　小さなサロンで自分が技術者であれば、赤字は防ぎやすい状況です。自分が技術に入っていれば、自分の給与を安くすれば、お店としては赤字になりにくい構造になります。ですが、そこで無理をして心身を壊したりすれば、本末転倒です。閉店の判断は赤字の度合いや閉店資金も見て、経営的な視点で判断しましょう。

●譲渡という方法もある

閉店しようとなったとき、他の経営者が購入してくれる場合もあります。**サロンの譲渡**です。閉店にはお金がかかるので、自分よりもうまく経営してくれる人にお店ごと渡すというのもひとつの考えです。

あるいは、サロンの内装ごと居抜きで売却、もしくは無料で引き渡し、原状回復を免れるという手もあります。

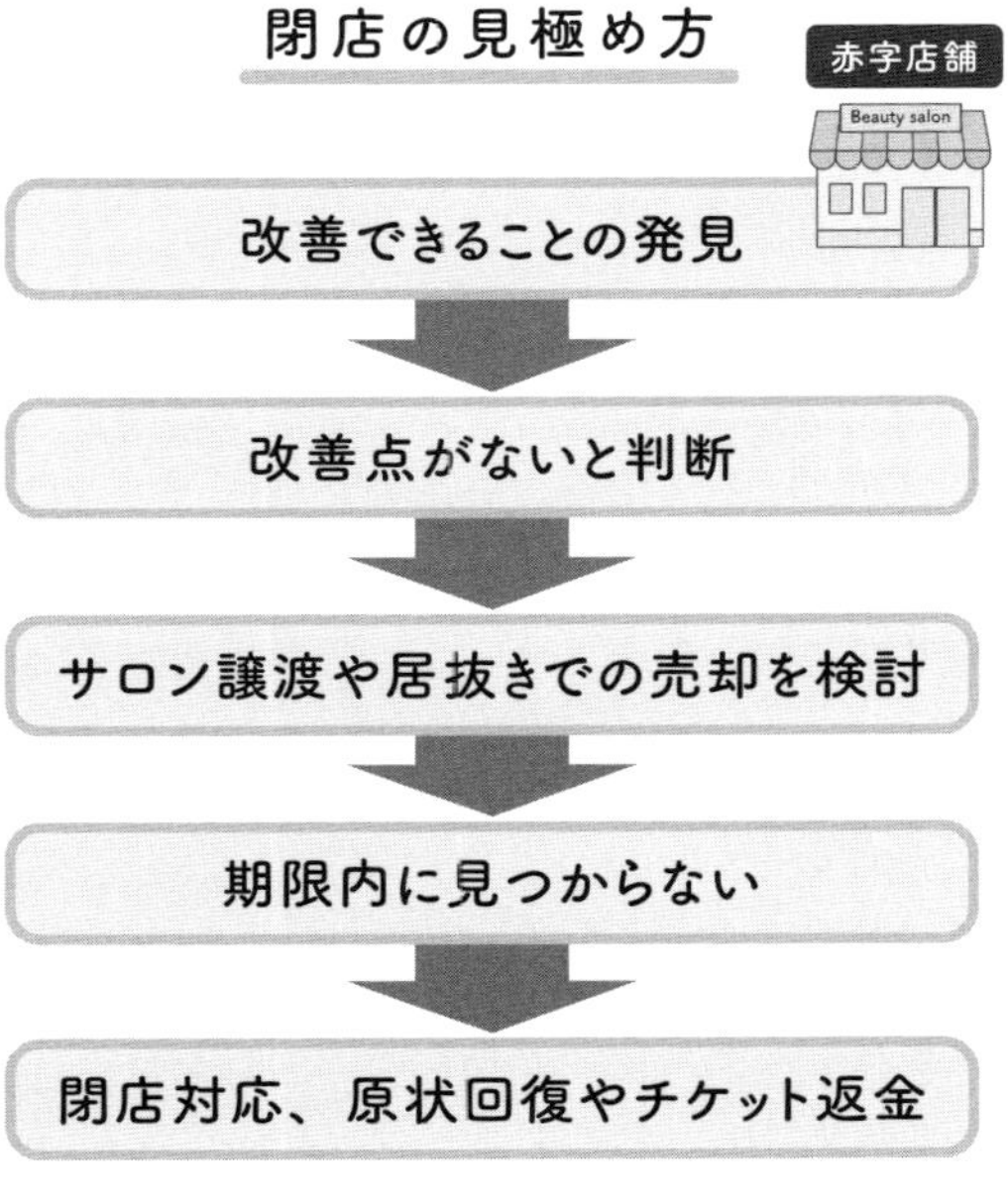

COLUMN ⑧

独立をしないほうがいい人

サロンを開業したいという想いがあったとしても、絶対に独立をしないほうがいい人はいます。特に女性は自分のライフプランも考えたうえで独立をしないと、すぐに辞めてしまうことになりかねません。

・楽をしたいから開業する

楽な経営というのはありません。常に自分で判断し、雇用されているときの倍以上の頭を使います。自分で考えるのが好きだったり、動くのが苦ではない人が経営に向いています。

・大金持ちになるのが夢

大金持ちは資産1億円以上といわれています。サロン1店舗で大金持ちにはなれません。もちろん規模にもよりますが、年収1000万円がマックスといったところでしょう。ちなみに、年収1000万円ある経営者の割合は1％未満といわれています。小規模のサロン1店舗で、資産1億円以上の大金持ちになるのはかなり難しいと思います。何店舗も開業すれば可能かもしれませんが、そもそもお客様に喜んでいただくのが仕事の接客業で、大金持ち目的の人はうまくいかないと思います。

・人とコミュニケーションをとるのが苦手

美容業界は接客業のひとつです。人とのコミュニケーションは必須です。コミュニケーションが苦手な人は少なくありませんが、根底に人が好きという気持ちがあることが前提です。そもそも人とあまり関わりたくないと思っている人はこの業界には向いていません。お客様はもちろん、スタッフとのコミュニケーションもうまくとれず、経営を継続するのは難しいでしょう。

世の中にはさまざまな仕事がありますが、美容業界は、職人であり、接客業であり、とてもやりがいがある分、大変な仕事です。自分が少しでも「楽しい！」と思えるかも重要なポイントです。

第9章

経営者として成長し続ける！スタッフ雇用・多店舗化のノウハウ

1 スタッフを雇うときに心がけておくべきこと

自分とは違うということを腹の底から理解する

オーナーとスタッフの意識の差は歴然です。オーナーは利益のことを考えますが、スタッフは、まずは自分の給与や働き方がどうなるかを一番に考えます。スタッフにただ「売上を上げて！」と言っても、その重要性を理解し、実行するスタッフは少ないでしょう。

スタッフを雇うとなったとき、オーナーは、**スタッフの意識はまったく違う場所にある**ということを理解したうえで、なぜ、売上や利益を上げないといけないのかをスタッフに説明しましょう。あなた自身もスタッフだったときは気にならなかったであろう、スタッフの対応や態度が気になることも出てくると思います。

「1言って10できる」スタッフはほとんどいません。そんな人がいたら、きっと独立しているでしょう。スタッフを雇ったら「最低ライン、ここができていればいい」というスタンスを心がけてください。言っても言っても伝わらない人もいれば、一度言ったらすぐやってくれる人もいます。それは**経験値も感覚も、人によって違う**からです。言っても伝わらない人には、その場でやってもらうことを繰り返してください。この感覚の違いを知るのに役立つ「**感覚優位性**」を測る心理テストがあります。左ページを参考にしてみてください。

経験は人に記憶させる力が強いので、これまでやってきた技術はできるけれど、経験していないサロンワークやお店のルールは覚えにくいということもあります。自身が技術者であれば、新人の頃の自分を思い出してみてください。最初は「売上を上げよう！」と意気込んでいたわけではなく、技術やルールを覚えるのに必死だったと思います。スタッフの成長もそれだけ時間がかかるということを理解したうえで雇用しましょう。

ちなみに、スタッフを雇うときの基本的な法律である労働基準法はきちんと守りましょう。今や何でもネットで調べられるので、法律を破ってしまうとすぐに気づかれ、お店を辞められるどころか、労基署に通告されてしまいます。スタッフは、雇用が守られた安心した環境でこそ、力を発揮するのです。

感覚優位性とは

感覚優位性のテスト

スタッフの五感のどこが優位になっているかをテストすることで、どんな育成方法が適正かわかる。その方法のひとつが感覚を測る「NLP プログラミング」。

感覚優位性のテストの例

「海と聞いて思い浮かべるのは？」

- 青く広がる海の景色や周りの風景が思い浮かぶ「視覚優位」
- 波の音や海の中の音が聞こえてくる感じがある「聴覚優位」
- 砂の感触や冷たい水、遊んでいる楽しさが思い浮かぶ「体感覚優位」
- 海に行く段取りや「心地よい風」などの言葉が浮かぶ「言語感覚優位」

●視覚優位　目で見たビジョンで理解するタイプ

→絵や図、人のモーションが入っているもので教えていく

●聴覚優位　聞いて理解するタイプ

→言葉で伝えたことをそのまま覚えるので、伝え方にこだわる

●体感覚優位　体験や身体で覚えるタイプ

→根気よく身体で覚えるよう、対面のロールプレイングを繰り返し行なう

●言語感覚優位

学んだことを自分なりに誰かに話したり、メモをとるなどのアウトプットすることで覚える

→覚えてほしいことをその場で質問したり、復唱してもらったりする時間をたくさんつくる

2 スタッフが動きやすくなる明確な伝え方

●仕事としての5W1H・PDCAサイクル

スタッフに動いてほしいときに曖昧なイメージで伝えたり、目標設定の考え方を共有できなかったりすると、なかなか一緒の方向を向いてくれません。そんなときに指標となるのが「5W1H」「PDCAサイクル」です。

5W1Hとは、**誰が（Who）、いつ（When）、どこで（Where）、何を（What）、なぜ（Why）、どのように（How）**のことで、報告するときや伝えるときに押さえたいポイントです。意外とこれが抜けている人が多く、相手に自分の話が伝わらない場合があるのです。

よくありがちなのが、スタッフに伝えるときに「練習しておいて」とだけ言って、いつ、どこで、何のために、どのように行なうかを言っておらず、スタッフが困惑してしまう……という状況です。スタッフに伝えるときはより明確に、期限も切って伝えます。

「○○さんは、○月○日○時から○時まで、サロンの一室で、ふくらはぎの手技を練習しておいてね。苦手な技術だから、練習することで確実に技術アップができて、お客様も喜んでくれるよ！」

スタッフは「何をどうすればいいんだろう」と余計な疑問を持たずに、指示に従いやすくなります。そうです。より明確に伝えることが、スタッフに理解してもらうための秘訣なのです。

特に、**女性は理由があると動きやすくなります**。「何のために」がとても大事です。やってほしいのは今なのか今じゃないのか、またスタッフが複数人いるのであれば、誰が行なうのか、どこで行なうのか。はっきり伝えることで行動のイメージができ、実践してもらいやすくなります。

PDCAサイクルは、業務改善を目指すフレームワークのひとつです。このルーティンを行なえば業務レベルがアップできる基本的な考え方です（左ページ参照）。

当店では、PDCAを毎日の報告の日課として、目標に対して**実行**、**評価**、**改善**、**計画**を報告するというルーティンがあります。5W1HとPDCAサイクルは、オーナーとスタッフが一緒に行なっていきましょう。

5W1H・PDCA サイクルで伝えよう

5W1H

・誰が　(Who)	誰が実行するのか？ 協力者は？
・いつ（When）	いつから始めるのか？ 締切は？
・どこで（Where）	どこで作業するのか？
・何を（What）	何をどこまでするのか？
・なぜ　(Why)	なぜこの仕事をするのか？ 目的は？
・どのように（How）	どのような手順で行なうのか？
＋	
・いくら（How much）	予算はいくらなのか？

PDCA サイクル

PDCA ワークサイクリングしよう！

・仕事をするうえで必要な基礎ルーティン

・毎日の報告業務にも反映

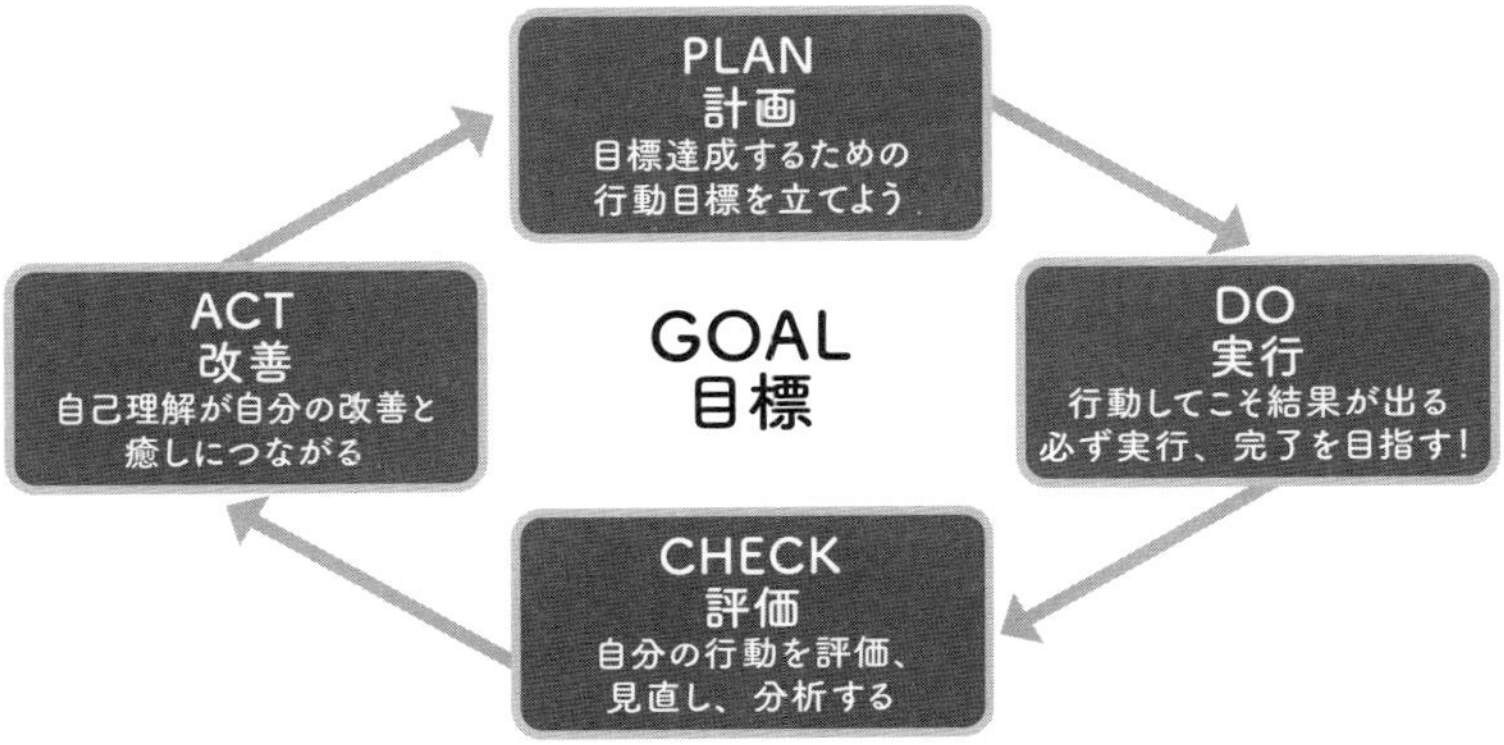
PLAN
計画
目標達成するための
行動目標を立てよう
DO
実行
行動してこそ結果が出る
必ず実行、完了を目指す！
CHECK
評価
自分の行動を評価、
見直し、分析する
ACT
改善
自己理解が自分の改善と
癒しにつながる
GOAL
目標

3 結果が出るミーティングのやり方

●問題改善のタネを見つけよう

「お知らせ」と「ミーティング（会議）」は違います。ミーティングのためにせっかくみんなで集まっても、ただのお知らせなら、わざわざ集まる必要はありません。

ミーティングは問題解決をするための場です。スタッフを雇ったら、定期的にミーティングすることをおすすめします。ミーティングは全員が発言する場であることが望ましいのですが、問題になりがちなのが「意見が出ない」「オーナーだけが話している」ということです。

スタッフに意見を聞いても何も出てこないというのは、聞き方が悪い場合があります。

例えば「売上を上げるには、どうすればいいと思う？」と聞いてしまうと、問題が幅広く漠然としていて、スタッフは答えに困ってしまいます。ですが、「お客様に○○の商品を説明するときは、どういうふうに説明している？」とピンポイントに聞いてみると、「こう言っています」という答えが出てきます。さらに「それでお客様が買ってくれる場合はどういうふうに言ってる？　断られる場合はどういうふうに言ってる？」と聞いていきます。すると、「こう言うと買ってもらえて、こう言うと断られます」という答えが出てきます。

「断られないようにするには、どうしたらいいと思う？」と聞けば、「こう言ってみたら断られないかもしれないです」といった意見がスタッフから出てきます。すると、「じゃあ、それをみんなでやってみようか！」と改善につながるわけです。

「店舗で何か問題ない？」と聞いて何も出てこなければ、「お客様用のもので、問題はない？　汚いとか、壊れているとかない？」とより詳しく聞くようにします。

私の知り合いの名言で「**良い質問は良い人生をつくる**」というものがあります。質問の仕方で、スタッフの行動や考えは変わってきます。ミーティングを問題解決の場にしていきましょう。「集客のアイデア出し、やっておいて」なんて丸投げするのはNGです。アイデアはまずオーナーから出して、それをどうやっていくかを一緒にスタッフと考えていくことが大事です。

ミーティングは問題解決の場にしよう

POINT

意見がなかなか出ない場合はテーマを決めて
それに対して具体的な質問をしていきましょう。
（例）「次回予約がとれていないけれど、
どうやって断られている？」

4 経営ルールはバランスが大事

●多角的な4つの視点から答えを出す

サロンのルールづくりは、1人であれば自分だけが実践できたり覚えていればいいですが、スタッフを雇用するとなるとルールを共有したり、新たに取り決めることも必要だったりします。

サロン運営ルールの1つの答えを出すためには、さまざまな目線を考える必要があります。具体的には、**お客様目線＋利益目線＋スタッフ目線＋需要と供給、**この4つのバランスを考えながら決定していきます。また、その答えがサロンのコンセプトや理念に合うかどうかも確認します。

例えば、お客様目線では無料同然のサービスがあればあるほどいいと思いますが、利益目線で考えると、それではサロンを継続することが不可能になります。一方、利益目線で考えたときには、お客様から高い値段をとればとるほど利益が出ますが、お客様の需要が少なくなる可能性があります。それはスタッフ目線からすると大きなプレッシャーになります。

例えば、当店では、お客様がうつ伏せから仰向けになるときの「枕の変え方」がマニュアルになっています。それまでは、セラピストによって枕をうつ伏せのときに変えたり、仰向けのときに変えたり、枕の位置なども含めバラバラでした。そこで、お客様目線やスタッフ目線から考え、お客様がうつ伏せ状態では首を上げないといけない大変さや胸が見えてしまうリスクがあるので、仰向けになっていただいてから変えるというルールになりました。また、首元やデコルテが施術しやすくなるため、フェイスホールはそのままフラットな枕には変えない、首元の施術を行なうときだけ枕の位置を上にずらすなどのルールも決めました。

このようにさまざまなやり方や意見がある中で、お客様目線やスタッフ動線も考えたうえでルールをみんなで決めています。

ルールを決めるとなると決断すべきことが多数出てきますが、4つの多角的な目線でルールを決めていくことで、バランスのとれたルールづくりが実現できます。

サロンルールに必要な４つの目線

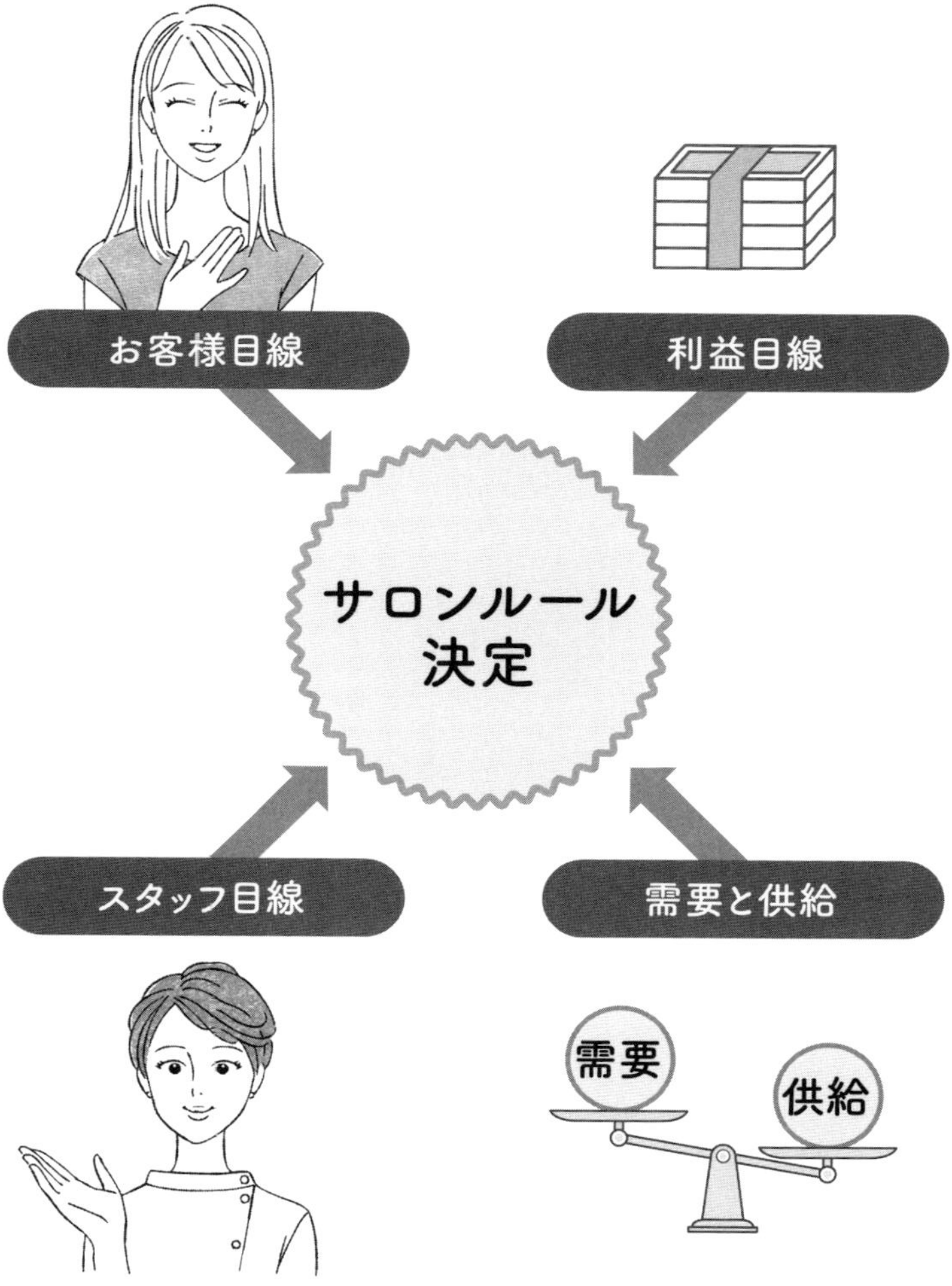

POINT

サロンのコンセプトや理念に合っているかも確認しよう。

5 スタッフに絶対やってはいけない3つのこと

●無視・暴力・暴言は絶対NG

スタッフをいざ雇用したら、やってはいけない3原則があります。それは、無視・暴力・暴言です。当たり前にやってはいけないことですが、ささいな言動でもそれらに当たることがありますので注意しましょう。

①無視……無視というのは、対面のときとは限りません。LINEのやりとりを無視したり、電話に出なかったりなどもあります。

実は私自身、会社を起こして慣れないことで手いっぱいになっていた時期に、スタッフのLINEを無視してしまったことがあります。当然ながら、そのスタッフは辞めるとなってしまいました。案外やりがちなLINEの既読スルー。どんなに忙しくても、忘れないうちに手短な返信をしておくことを忘れずに。スタンプや「いいね」ボタンでもいいので、必ず返信するようにすると、スタッフもこちらの気持ちを受け取ってくれます。

②暴力……殴ったり蹴ったりというのはもちろんNGですが、腕をつかんで引っ張るだけでも暴力にあたります。物を投げたりするのも同様です。

当然ながら、そのような行為を一度しただけで、信用を一気に失います。男女関係なく、暴力に当たる行為は絶対にやめましょう。

③暴言……「パワハラ防止法」が義務化されるなど、暴言の範囲も幅広くなりました。エステサロンに勤めていた知人は、職場の先輩に「そんなんで生きてて楽しいの？」と言われたと聞きました。20年以上前のことで大問題にはならなかったようですが、これは今の時代、明らかに暴言です。パワハラとして労基署や裁判所に訴えられる可能性も十分あります。

また、妊娠や出産、子どものことを引き合いに、「だから仕事ができない」と言ったり、「繁忙期だから、プライベートは関係ない」「子どもが熱を出しても、なるべく休まず出勤して」と言うのもパワハラです。

言葉の受け取り方は人それぞれです。明らかなパワハラやセクハラ発言はもちろんのこと、ちょっとした言い回しにもできるだけ気をつけましょう。

自分だけの理由でマネジメントするのはNG！

◎連絡を無視してしまう理由
・忙しい
・感情的な連絡で対応がめんどくさい
・考えている間に返事を忘れてしまう

→その場で返答ができない場合…
「今、忙しくてまた連絡します」

「〇日に電話もらえますか？」

などの即時対応をしよう

◎暴言の理由
・自分ではそのつもりがない
・時代が厳しくなっていることを知らない
・相手に怒りがあり伝え方を間違えてしまう

→つい感情的になってしまう場合…
・その場で何かを言わず、いったん考える
・「少し考えます」など言葉に出して冷静になる

◎暴力の理由
・つい腕を引っ張ってしまう
・感情的になって、物に当たってしまう
・恐怖で支配できると思い込んでいる

→つい手が出てしまいそうになる場合…
・相当ドン引きされることを知る
・信頼関係は一気に壊れ、すべてが台無しになると深く理解する

6 事務仕事はオーナーがやるべき？

●自分でなくともできる仕事はお金で買う

スタッフを雇用することになると必ずついてくるのが、労務関係の事務仕事です。サロンを運営していくうえでは、スタッフを雇用すれば雇用の手続き、保険の手続き、給与計算、給与の支払いなど多岐にわたる労務関係の仕事が出てきます。

これらをオーナー自身でやっていく必要があるでしょうか？　結論からいうと、**事務仕事はオーナー自身でやらなくてもいい**のです。

どんなに忙しくても、スタッフに給与が支払われないなんてことはもってのほか。支払いの金額や期限は絶対に死守しなければいけません。自分に時間と能力がなければ、誰かにやってもらうことを考えましょう。

そこでおすすめしているのが、**プロに外注する**ことです。労務関係の事務仕事は外注して、オーナーが別の仕事に注力することで結果的にプラスになるようであれば、お金をかけてでも人に任せていくという選択です。例えば、スタッフの雇用手続き、保険手続き、給与計算、年末調整、助成金の申請などは、社労士が幅広く対応してくれます。その道のプロとして、労務関係のアドバイスをしてくれたりもします。

私は自分が事務仕事が苦手だということを最初からわかっていながらも、当初は給与計算などを自分でしていたことがありました。でも、やはりうまくいかず、自分の得意とするものに時間をかけるために、開業して1年後には外注やスタッフに労務関係を任せました。

信頼のおける店長やスタッフに任せるのも、成長につながるのでおすすめです。さすがに専門家ではないので給与計算まで任せるのは酷《こく》ですが、外注とのやりとりを頼んだりすることでお店のしくみを知ったり、将来独立するときに役立つ経験にもなります。

そのほか、ネットの給与計算や顧客管理などさまざまな種類のシステムがあります。それらを上手に活用しながらオーナーが労務関係の仕事を手放すことも、スタッフを雇用していく大事な過程として考えるといいでしょう。

労務を任せていくこともひとつの手

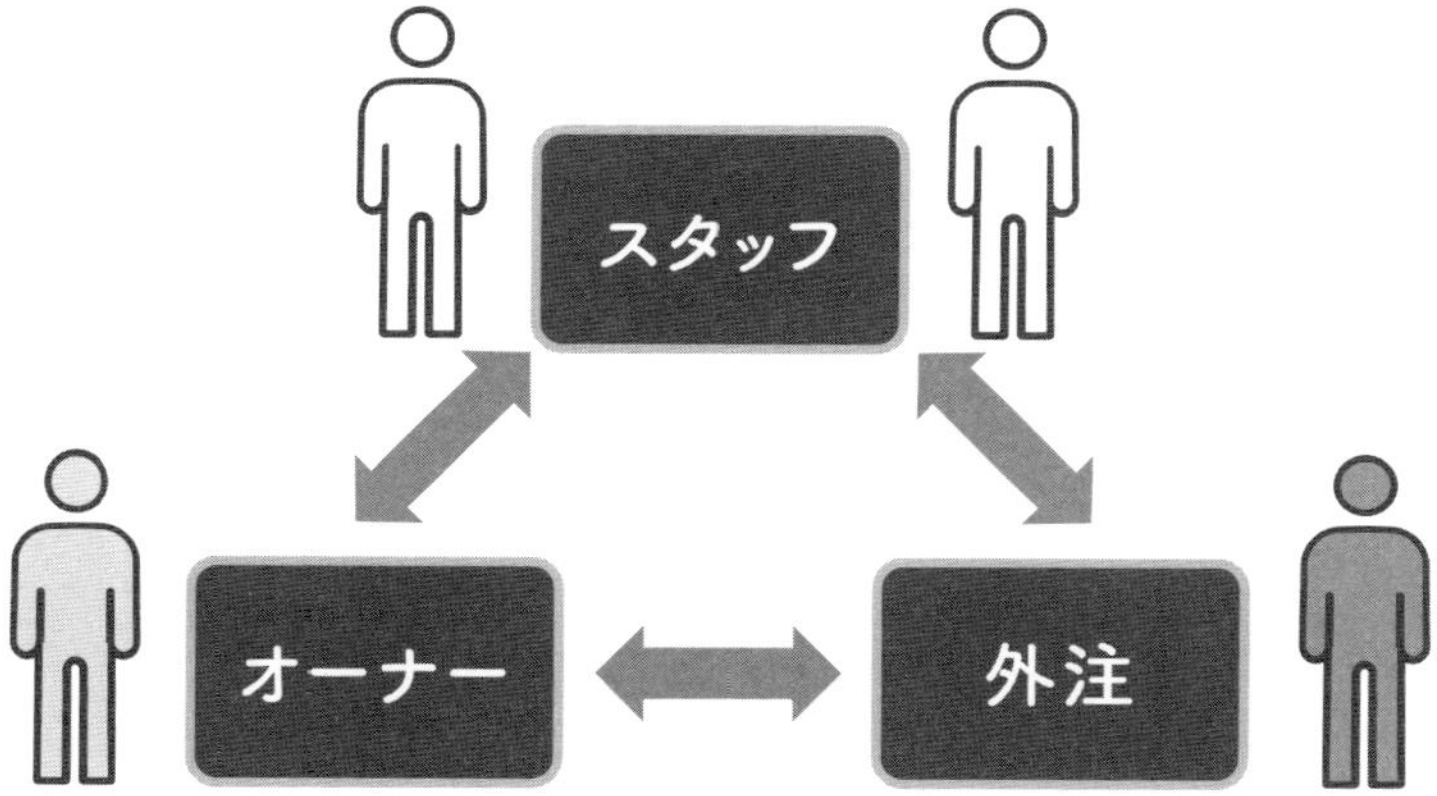

- 雇用の手続き
- 保険の手続き
- 勤怠管理
- 給与計算
- 年末調整
- 源泉徴収票の発行
- 助成金の申請
- 就業規則の制作
- 給与の振り込み

POINT

- 事務仕事は経営が総合的にプラスになるなら外注する
- スタッフにも外注のやりとりの一部を任せてみる
- タイムカードはネットで管理できるものがおすすめ

7 長く働いてもらうための評価制度

●スタッフの給与とモチベーションを上げる制度

スタッフの評価制度を設けることで、継続的に働いてくれる人が増えます。

当店では、理念や方針に伴った「定性的な評価」と、勤務評価や売上、シフト貢献度などの「定量的な評価」を5段階の数字にして行なう評価制度をつくっています。

定性的な評価は、自己評価と上司の評価を2種類行ない、そのギャップも見ます。評価制度は1年に1回行ない、それをもとに面談することで、どういったモチベーションでスタッフが勤務しているかがわかります。

また、スタッフから「給与を上げてほしい」と言われたときに、そのスタッフが給与を上げていい人なのかを見極める必要があります。

そのスタッフにお客様の需要があるかどうかは、この評価制度の数字でわかります。具体的には、お客様の単価、指名の人数、売上に対しての給与パーセンテージを見ます。

さらに、この計算は、**スタッフ本人にやってもらうこと**が望ましいです。自分がどれだけ会社に貢献できているのかを知るきっかけにもなります。

●評価制度の失敗談

過去に一度、他のスタッフよりも給与を高くして雇ったスタッフがいたのですが、給与を高くしたところでその人が長く続くかといったら、そうではありませんでした。そのスタッフは結局、他のサロンならもっと稼げるという噂を聞いて、入社早々に退職しました。

「お金目的」のスタッフは結局、サロンにこだわりが少ないことが多く、職種自体も稼げるほうがいいといって転々とする傾向があります。

美容業界のサロンは決して給与が高くなく、労働量もそれなりにあります。

この業界で自分が手に職を持ってお客様を施術することが楽しく、やりがいになっているという人をスタッフで雇用したいとなれば、給与を高くして集めるだけという単純な視点だとなかなか難しいものがあります。評価制度や研修などの成長できるしくみづくりも必要です。

評価制度の実践のポイント

（例）

順番	何を	どのように	いつ	誰が
①	評価指標の結果を出す	指標に従って結果を出す	入社時期に従って、査定期間内に	評価される本人が行なう
②	面談、評価スケジュール組む	査定期間に指標結果を本人にもらい、面談スケジュールを組んでカレンダーに入れる	査定期間内に本人にもらいしだい	マネージャーが行なう
③	面談する	基本、面談する本人の所属店舗、もしくは横浜本社で１時間行なう 面談は、本人のPR、代表との質疑応答	評価スケジュールが組まれた日程で行なう	代表と評価される本人が行なう
④	給与決定	１年分の評価を集計して、給与査定を決定する 決定した給与をいつ反映するか決める	年１回の面談その後１週間以内に行なう	営業事務が代表に確認して行なう
⑤	給与反映	決定した給与を計算して給与を支給する	決定した給与反映時期に沿って決まった給与日に支給する	営業事務が代表に確認して行なう

項目＼月	1月	2月	3月	4月	5月	6月	7月	8月	9月	10月	11月	12月	1月
社員	入社					正社員登用						評価	給与反映
アルバイトパート	入社			能力に応じて判断（→）								評価	給与反映

※入社半年以上の雇用者前提
※給与の反映は年に1回
※自己評価もしてもらう

8 スタッフから「辞めたい」と言われたら

●雇用する側が一番言われたくない言葉

「お話があります」というのは、人を雇用する側が一番ドキッとするセリフだと思います。きっと退職の話だろうと落ち込みますが、話の内容によっては、退職を免れることもあります。

①スタッフとの人間関係に問題がある場合……まず、問題になっている人と一対一の面談をします。そのあと、辞めたいと申し出た人に面談をしたことを伝えます。最終的には三者面談をして、仲直りさせるという方法で解決を試みます。この方法は信頼関係の改善につながり、サロン内の風通しを良くしてくれる効果があります。仲直りできるか否かは内容にもよりますが、できない場合でも、シフトで強制的に会わせないようにするなどの解決方法もあります。

②違う職種に行きたい場合……別のサロンで勉強したいなど、転職を希望している場合です。この場合は、スタッフが今いる場所で勉強しきったと思い込んでいたり、面白みがなくなっていることもあります。こういった場合は、改めて研修をし直したり、そのスタッフが関心のある新しい商品や技術を取り入れることで、続けてもらえる可能性はあります。あるいは役職を与えて、それに伴った仕事を与えるというのもひとつの手です。新たな気持ちで再スタートを切ってもらえる場合があります。

③引っ越しや結婚・妊娠など……これに関しては引き止めるのは無理と思うかもしれませんが、引っ越しであれば、具体的にいつどこに引っ越すのか、通うのは無理か、引っ越す場所はそこでないとダメなのかなどを聞いてみます。通えない場所であれば、最低このくらいまではいてほしいという打診をします。

また、妊娠の場合は、産休制度を設けるなどして、無理のない範囲で産休前まで働いてもらい、また戻ってきてもらうこともできます。

大切なスタッフであれば、さまざまな方法で残ってもらう必要があります。まずは打診をしてみることが大事です。スタッフの貢献度によっては、給与を上げられるのか否かも検討しましょう。

辞めたいスタッフの理由

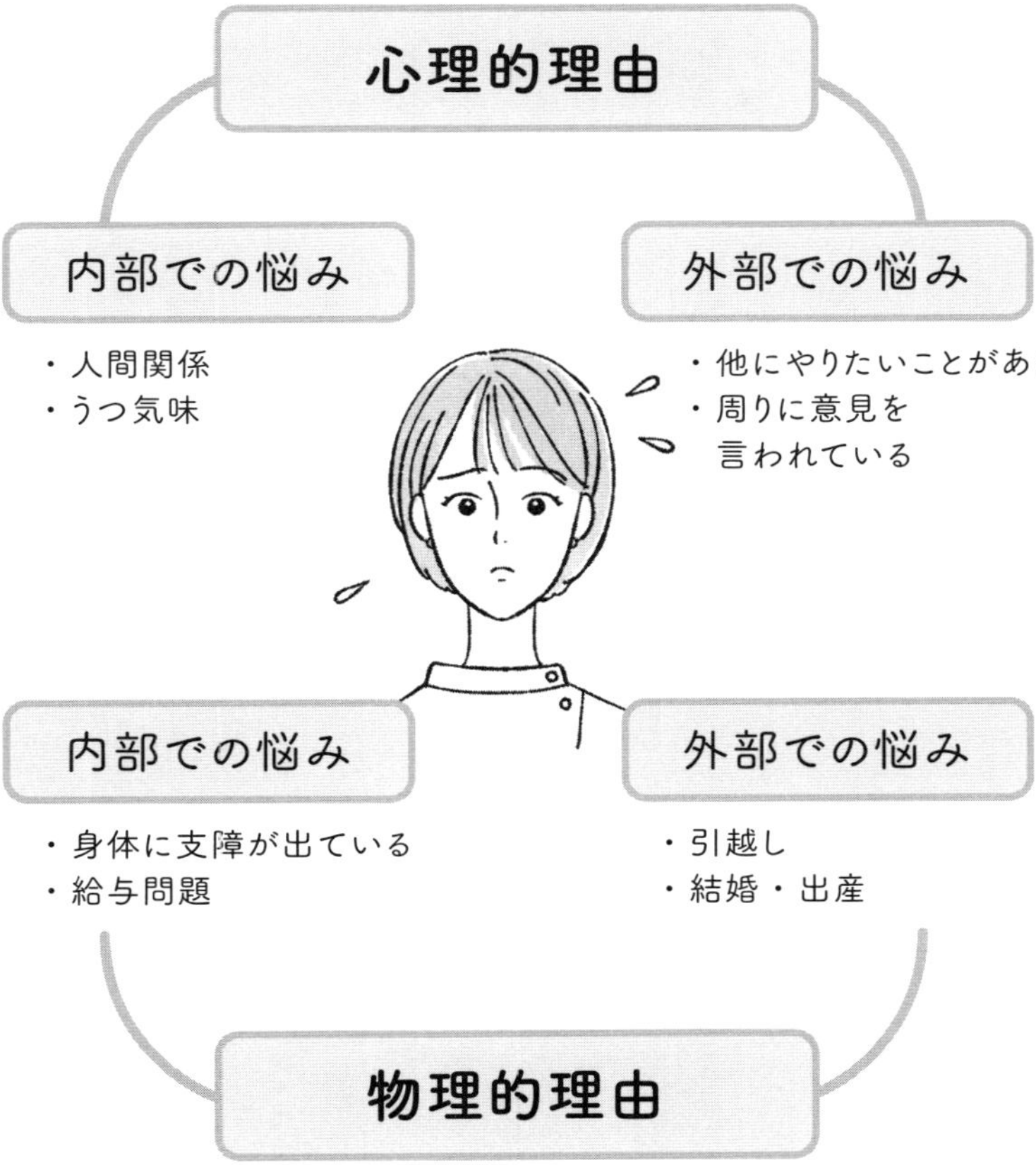

解決策を柔軟に見つけよう。
特に心理的理由は、解決できる兆しはある。
身体に支障が出ている場合も、施術が原因なら
改善の余地あり。

9 スタッフに任せていくことのメリット

●できない人もいることが大前提

会社やお店などの組織には、「**262の法則**」があります。組織において2割は優秀でしっかり働く人、6割は普通に働く人、2割は働かない人の比率に分けられるという法則です。

もちろんすべての組織で当てはまるというわけではありませんが、「優秀ですごく働く人だけでスタッフを構成する」のは難しいということです。できない人もいればできる人もいるのが当たり前という認識をオーナーがしっかり持ちましょう。

オーナーと仕事への意識が高くない人との差は歴然です。成長してほしいと思っていろいろ言っても、なかなかそれが伝わらず、もどかしく、双方でストレスが溜まる一方です。

そんなときは、**その人に合った仕事を任せていく**ことをおすすめします。自分で考えるのが苦手で言われたことしかできず、考えるようなことになると人の何倍も時間がかかる人は掃除や片づけなど、考えずにできる事務仕事を任せましょう。また、言っても言っても伝わらない人であれば、別の人に注意を任せるとうまくいく場合があります。

●任せられないと思い込まない

また、**適正な時期にスタッフに役割を持たせて任せていく**ことは、とても大きなメリットがあります。この「適正な時期」の見極めが重要ですが、定期的な面談でスタッフの内情や真意をつかんでおきましょう。

一見頼りがいがなさそうなスタッフでも、一定の期間働いてもらったのちに役割を持たせることによって、意識が高まる場合もあります。役割は店長以外にも、副店長、キャンペーン担当、SNS担当、在庫や発注管理、POP担当、清掃担当など、担当ベースで決めましょう。

人は役割を任せられると、その役割に自分が合わせていこうとする性質があります。**役割を与えたら、ある程度任せることが大事**です。確認をして、助言やヒアリングを繰り返し、自分で考えて行動できるようにしていくのです。

技術者として成長するプロセス

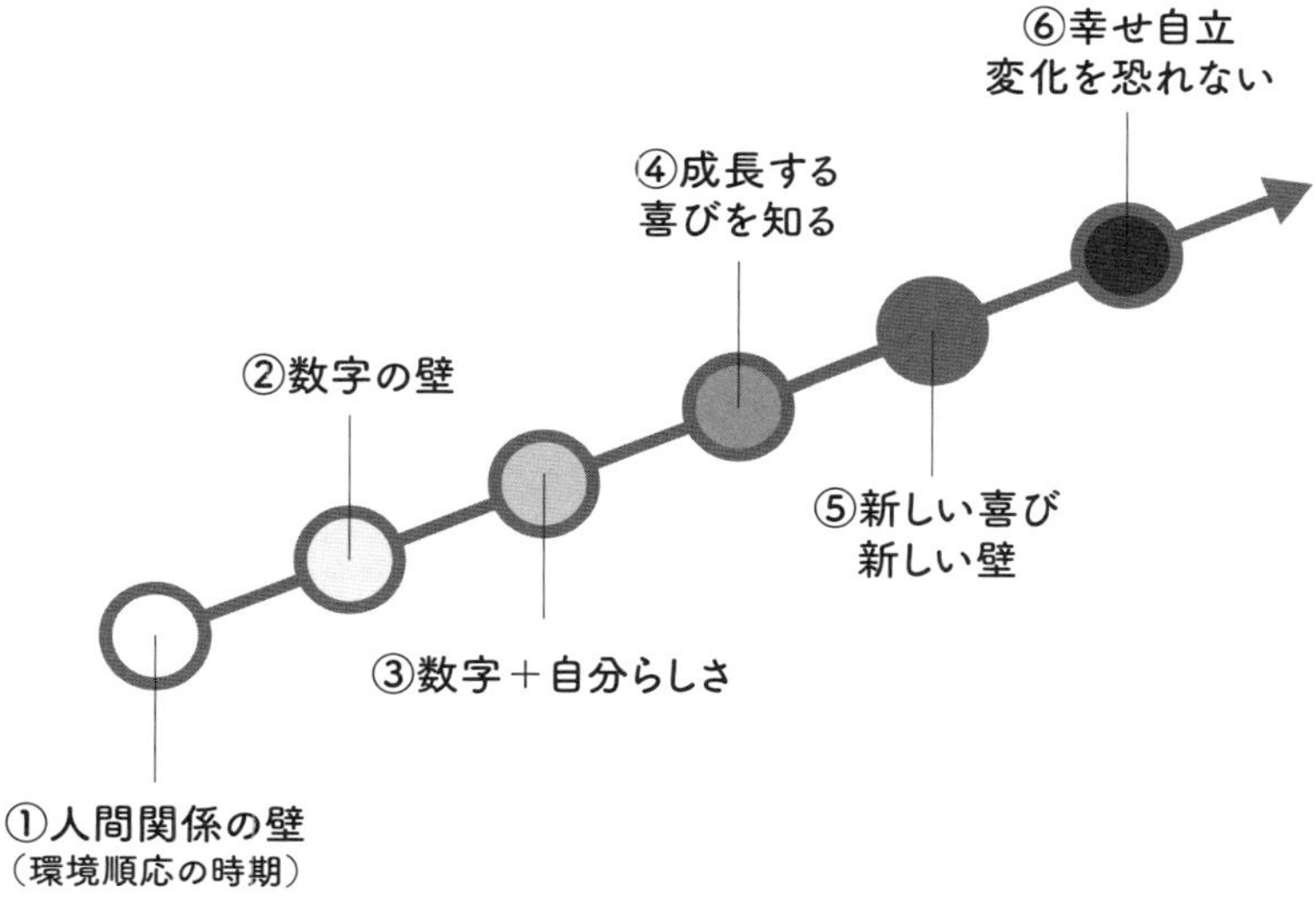

●不安定期　●試行錯誤期
●安定期　●自己成長
●覚醒期　●将来不安
●安定期　●自立

POINT

人生山あり谷あり。
順番は前後したり交互したりします。

10 店長任命のタイミングは慎重に

●スタッフに任せる時期や過程

スタッフを店長以上に任命しようとするときは、そのタイミングが大事です。前項でお伝えしたような、任せられそうなものを任せていくといった「過程」があるといいでしょう。スタッフがそれなりに業務や施術に慣れた時期にコミュニケーションをとりながら、タイミングを見極めましょう。適性がある人を店長に任命するのはもちろんですが、特に未経験の新人スタッフの場合、技術や接客を覚えたりすることで精一杯です。

そんな中、自分と同じ想いで店長を引き継いでほしい、店舗をまとめていってほしいという気持ちで、最初から「店長」に任命すると、プレッシャーや意識に行動が追いつかず、メンタルがつぶれてしまうことがあります。

私が経営する直営店やフランチャイズ店でも、同じ問題がよく起きていました。オーナーはよかれと思って店長に任命しますが、いきなり店長に抜擢すると、同じ時期に入ってきた他のスタッフとのトラブルがあったり、メンタルがやられて結局辞めたいとなったり、良いことがありません。特にオープン当初は、横並びの共感心理が働きやすいので、うまくいかないことが少なくないのです。

そのため、雇用する際に最初から「店長に任命したい！」と思っても、**最低3カ月は待ったほうがいい**でしょう。その店舗に慣れて一緒に働いている人と調和が保てるかなどを見極め、本人のメンタルが安定しているかを確認したのちに店長に任命することをおすすめします。

「役職に就いてトップに上がっていきたい！」と思う女性はあまり多くありません。私自身、社長になりたいと思っていたわけでもありません。独立し、会社を起こしたから社長になっていたという感じです。

私の会社でも、自ら「マネージャーや店長になりたい」と名乗りをあげた人はほぼ0人です。最初は任せられたからやるしかないという感じですが、徐々にその役職に能力や意識が追いついてきます。任せる側も、突然、その役職にすべてが追いつくはずがないという前提で任せることが必要です。

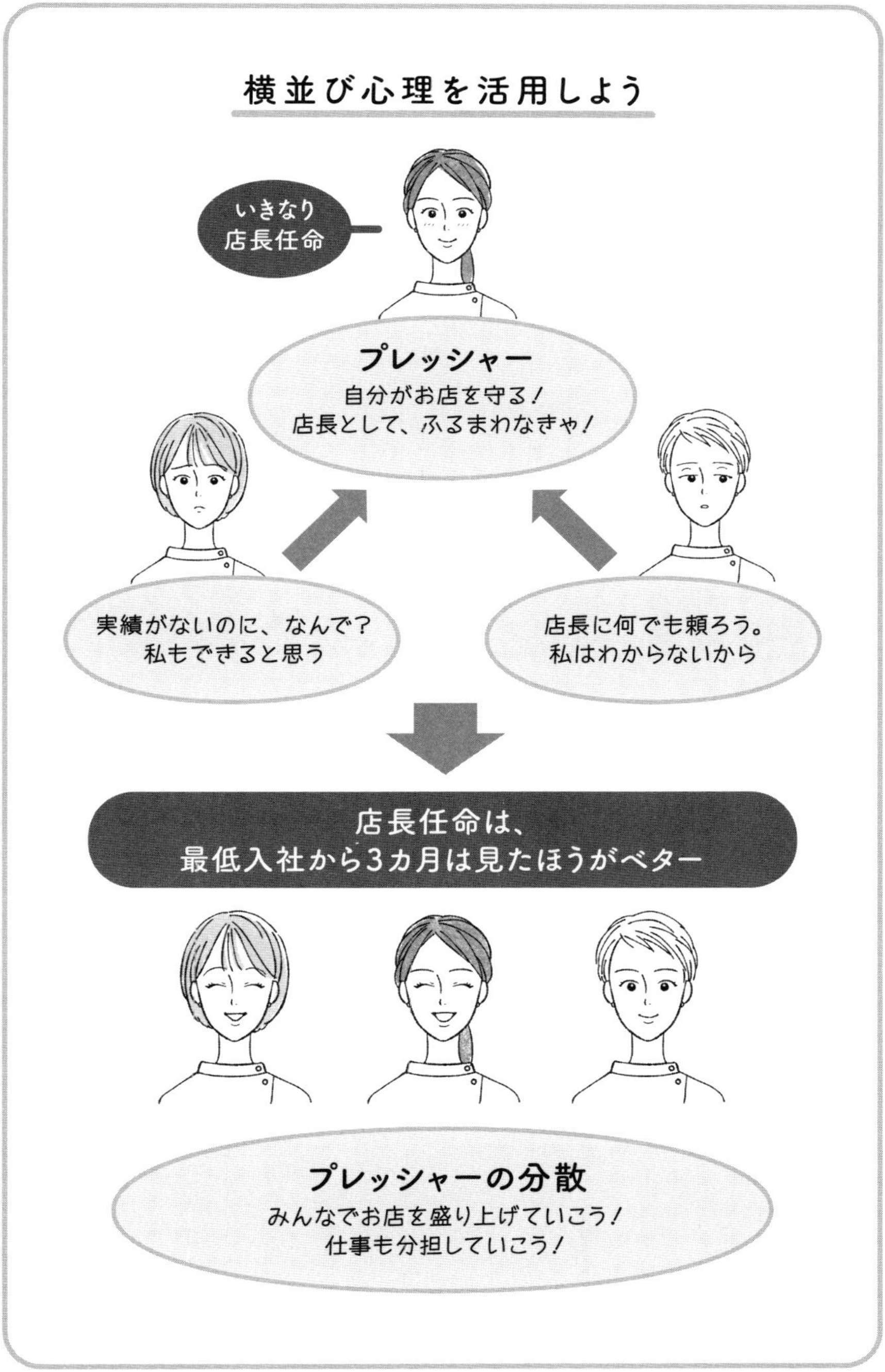
横並び心理を活用しよう
いきなり
店長任命
プレッシャー
自分がお店を守る！
店長として、ふるまわなきゃ！
実績がないのに、なんで？
私もできると思う
店長に何でも頼ろう。
私はわからないから
店長任命は、
最低入社から3カ月は見たほうがベター
プレッシャーの分散
みんなでお店を盛り上げていこう！
仕事も分担していこう！

11 多店舗展開を考えたら

自分1人ではできないことを任せていく

多店舗展開の道のりには、それなりの労力が必要です。1つのサロンだけではなく、2つ以上のサロンを展開するとなった際、押さえておきたいのはスタッフの役職やブレーンです。自分1人ではさばききれない仕事量になると身体も壊しやすくなり、たとえお金があっても使う時間がない……となってしまいます。

多店舗化を考えたら、ある程度の仕事を任せられるスタッフを育成し、委託先を見つけることが望ましいでしょう。

技術者兼オーナーから多店舗展開のオーナーになる流れは、次の通りです。

①一人サロン開業→②プレイヤーのままスタッフ雇用→③徐々にプレイヤーから抜けていく→④スタッフから店長を抜擢→⑤プレイヤーから抜ける→⑥店長に任せる仕事を多くしていく（その分、店長の施術時間を削る）→⑦2店舗目の開業→⑧店長を2店舗のマネージャーにする→⑨1店舗ごとに店長、または管理をする人を増やす

このステップを踏みながら、店舗を展開していきます。

スクールを始めるメリット

多店舗化するときに、自店の技術を教えるスクールを開校できれば、なお望ましいでしょう。実際、私も「技術を教えたい」という想いからスクールを始めました。

1からつくるとなると、やはりそれなりの労力が必要ですが、ノウハウをつくって教えることで得られるメリットは多数あります。

- **スタッフの技術の統一化**
- **1人の先生が複数人に教えられるので、サロンの一対一の教育よりも利益効率が良い**
- **空いている時間が無駄にならない**

スクールといっても、国家資格のスクールを開くのはかなりハードルが高く至難の技ですが、民間資格のスクールならノウハウがあれば開校できます。

たくさんの人に教えることで、自分たちのノウハウがより良いものに仕上がっていくのも大きなメリットです。

プレイヤーのサロンオーナーから多店舗経営への道

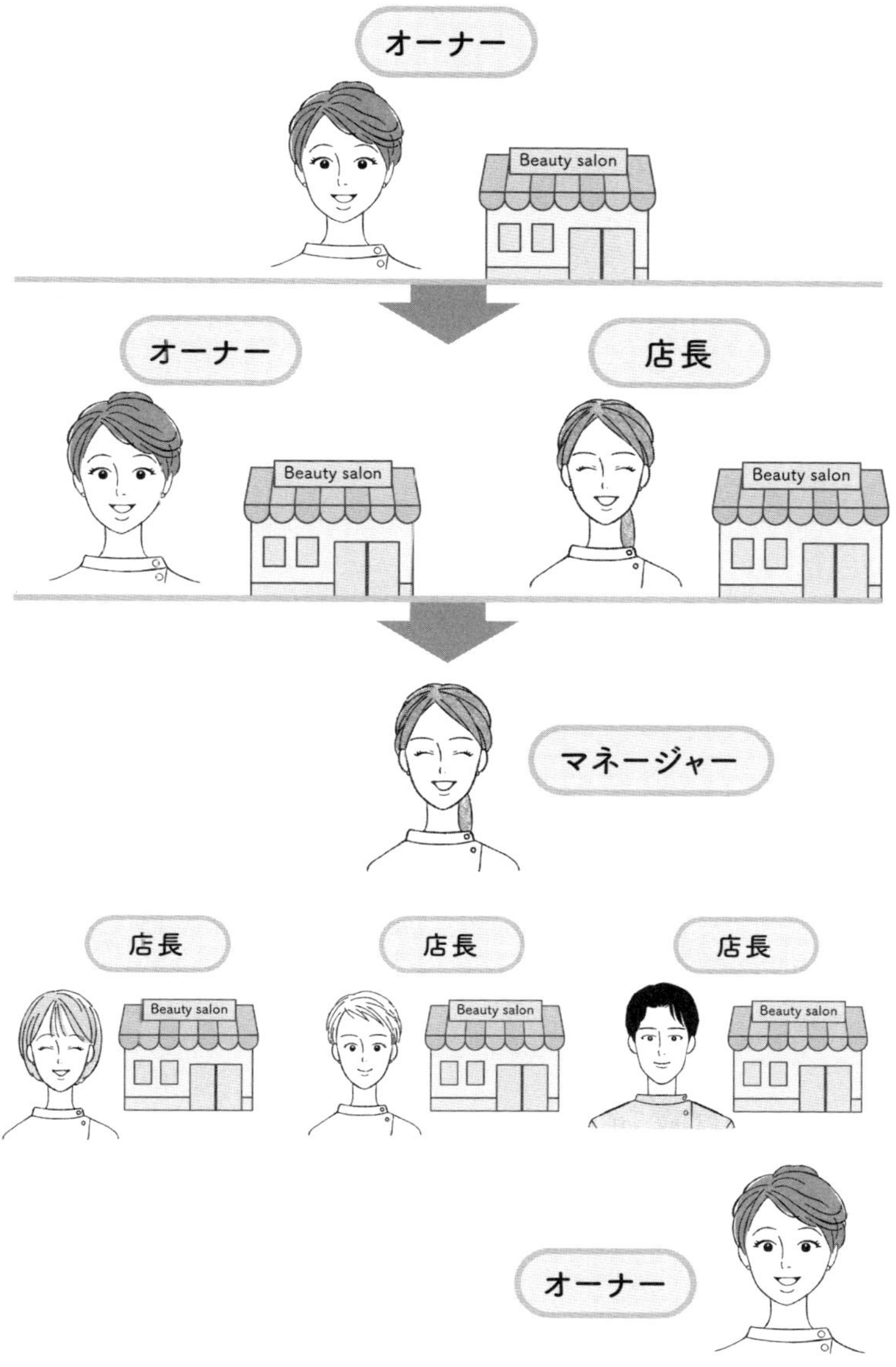

12 フランチャイズ化という手もある

●フランチャイズ化のメリット・デメリット

多店舗展開する際に、**フランチャイズ**という手段もあります。フランチャイズ化のメリットは以下の通りです。

- **資本が1つではなくなるので、展開スピードが直営よりも速くなる**
- **細かいマニュアル化により、全店で技量ややり方が統一される**
- **本部のロイヤリティや加盟金からの利益により、より全体の広告をかけられるようになり、お客様に認知をしてもらいやすくなる**

一方で、デメリットもあります。

- **マニュアル化が進んでいないと、店舗ごとに技量ややり方の差が激しく出てしまう**
- **フランチャイズオーナーとの折り合いをつけたり、方向性を一致させるのに契約書の取り決めなどが必須になり、やりとりが複雑になる**
- **直営店ではできていたやり方の改良のスピード感がなくなり、より計画的に進めないといけなくなる**
- **経営がうまくいく・いかないがフランチャイズオーナーによって大きく変わる場合がある**
- **ロイヤリティや加盟金よりも直営店の利益のほうが大きいことがある**

当社の場合、ハワイアンリラクゼーションサロンとして全国で初めてフランチャイズチェーンを起こした会社ですが、すべてが成功したわけではありません。直営店で始めた店舗を売却したり、フランチャイズ店を買収したり、閉店せざるをえなかったりと、成功も失敗も体験してきました。

フランチャイズ展開をするというのは会社を起こしたときから決めていたのですが、契約書、マニュアルの整備や、フランチャイズオーナーが本当に自分のサロンをビジネスとしてやりたいかによっても、フランチャイズ店が成功するかどうかが変わってきます。想いと現実の間でギャップが出てきますが、それでも自分のサロンを広げたいという強い想いがあれば、お客様が喜んで売上が上がるサロンを展開することは可能です。

フランチャイズのしくみ

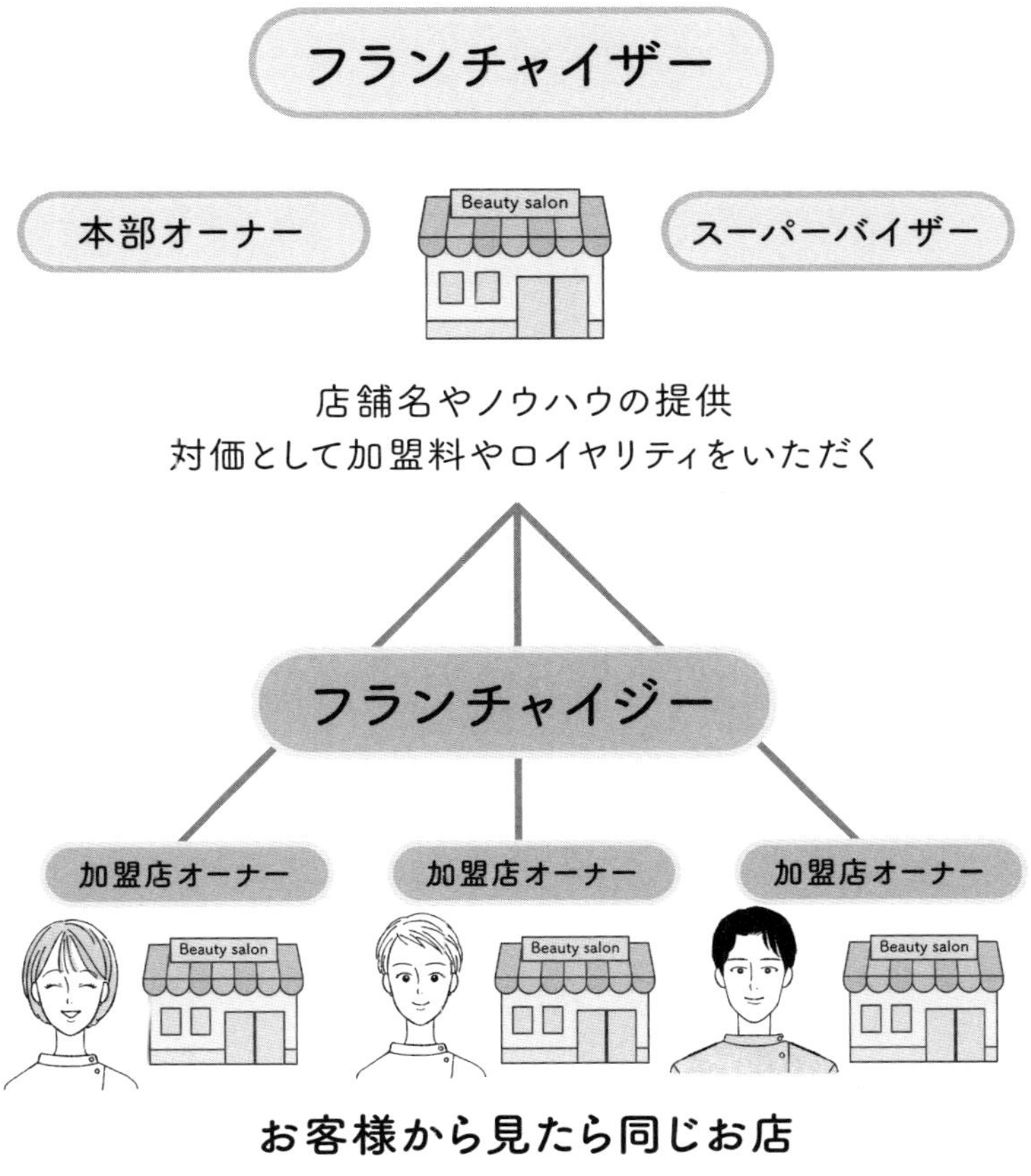

COLUMN ⑨

めちゃくちゃ大変だったからこそ成長できた

私は開業後、最初の２カ月間は１人でこなしていたのですが、３カ月目で１人はつまらない、やりがいがない、辞めたい……と虚無感に襲われ、スタッフを業務委託で契約。人に教えるなんてしたことがなかった人生だったので、初めて「教育」という壁にぶち当たりました。そのときは、「教育」という言葉さえ自分の中になかった状態でした。

１回言って直らない、３回言っても直らない、10 回言う頃には怒っている……の繰り返し。なぜ、伝わらないのか、わからないのか、イライラする日々でした。

お客様の施術は楽しいけれど、それ以外は大変すぎる毎日。睡眠不足で肌はボロボロ、極限までストレスを抱え込んでいました。シフトも関係なく自分が働けるだけ働く、営業時間を破って、夜中の２時まで施術を行なうなど、自分のルールを破り、限界を超えてやっていました。

そんな中で来てくれた２人目のスタッフは、自ら気づいて自主的に動いてくれるような人だったので、人によってこんなに伝わり方が違うのかと、目から鱗でした。

そこからたくさんの人を面接し、業務委託から雇用になり、法人化したりと段階を経ていきましたが、伝わり方は人それぞれ、その人の特徴によってバラバラだと実感したので、マニュアル化に力を入れるようになりました。

新型コロナの真っ最中は資金的にはとても大変でしたが、結婚や出産を経て、仕事とプライベートの両立で自分が成長できたこと、また、リモート研修など働き方の改革ができたことが結果を結び、おかげさまで現在はお客様にも戻ってきてもらえています。特に地方では、売上も大幅に伸びていきました。

どんな困難も、実践してきた経験値が助けてくれる。今は、そう実感しています。

おわりに

サロンの開業をしてから、人生の価値観がどんどん変わってきました。もともと親や親戚に自営業が多く、起業することに対して抵抗は少なかったのですが、厳しい現実を知っていたので、自分がやるのは嫌だなというイメージもありました。

ですが、今となってはサロンを開業したことにまったく後悔はなく、大変だった今までの過程は自分自身の成長のためにあったと心から思えます。人に心から感謝できるようになったり、ステージの違う場所になっても仕事を楽しめるようになったのは、開業の経験があったからこそです。もちろん、常に大変なことや問題は出てきますが、かつての自分では絶対に立ち向かえなかった問題も、今であれば、なんとかやりきれる自信があります。

そして、幸せの価値観も幅広くなりました。お客様をはじめ、スタッフ、業者さん、知人の経営者たちと出会えたからです。そして、今いる家族も私にとってかけがえのない存在です。

人は1人では生きていけません。周りの人がいるから、アイデンティティが成り立ちます。私にとってサロン経営やプライベートでの経験値は、お金には代えられない財産です。得た知識を自分で実践して、経験値にできる人は必ず成長していきます。

人間は、得た知識の7割を翌日には忘れるといわれています。得た知識を忘れずに行動すれば、お金に代えられない経験値となって、良い結果を引き寄せるでしょう。

「人生の経験は財産になる」。一度きりの人生、やりたいことを叶える理想の自分に近づくために、はじめの一歩をぜひ踏み出してください。

ハワイアンフォレスト株式会社 代表取締役　森　優

著者略歴

森　優（もり ゆう）

ハワイアンフォレスト株式会社 代表取締役、一般社団法人 国際セラピスト技術開発協会 代表理事
20歳で身体を壊したことをきっかけに、「アロマとマッサージを一生やる」と決め、自ら100カ所以上サロンへ出向いた経験から、2010年に「サロンドチャチャ」を横浜駅近くに開業。セラピスト兼経営者として従事する。2014年にハワイでのカフツアーからの帰路で、女性の自立を助ける企業理念が降りてきたことをきっかけに、ハワイアンフォレスト株式会社と一般社団法人国際セラピスト技術開発協会を立ち上げる。2017年、日本で唯一のハワイアンリラクゼーションサロンのフランチャイズ事業を開始。現在は、子育てをしながら、直営9店舗、FC12店舗の合計21店舗（スタッフ合計100名以上）を経営。サロンのお客様数は延べ30万人以上の実績がある。一人でも多くの女性が働きやすい環境をつくるために尽力している。

【お問い合わせ】
ハワイアンフォレスト株式会社
〒221-0835　神奈川県横浜市神奈川区鶴屋町2-10-9 田中ビル2階
TEL 045-624-9797
●アロハセラピストアカデミー　https://hawafore.com/
●Salon de chacha／MOGU　https://aloha-chacha-mogu.jp/
●YouTube「ハワイアンフォレストTV」
www.youtube.com/@hawaiianforestTV

ホームページ

実践！ サロン開業88の成功ルール

はじめの一歩から多店舗化まで

2024年12月2日　初版発行

著　者 ―― 森　優

発行者 ―― 中島豊彦

発行所 ―― 同文舘出版株式会社

東京都千代田区神田神保町1-41　〒101-0051
電話　営業03（3294）1801　編集03（3294）1802
振替 00100-8-42935
https://www.dobunkan.co.jp/

ISBN978-4-495-54173-6

印刷／製本：萩原印刷

Printed in Japan 2024